MES
VOYAGES
AUX ENVIRONS
DE PARIS.

Les formalités exigées ayant été remplies, je poursuivrai les contrefacteurs suivant toute la rigueur des lois.

J. D.

Cet ouvrage se trouve aussi, à Paris :

Chez
- TREUTTEL et WURTZ, Libraires, rue de Bourbon, n° 17.
- REY et GRAVIER, Libraires, quai des Augustins, n° 55.
- PONTHIEU, Libraire, Palais-Royal, galerie de bois.

DE L'IMPRIMERIE DE DEMONVILLE.

MES
VOYAGES

AUX ENVIRONS

DE PARIS.

PAR J. DELORT.

*Circa hanc urbem quacumque ingredimur,
au aliquam historiam vestigium ponimus.*
Cicero. *De Finib. V. 5.*

TOME SECOND.

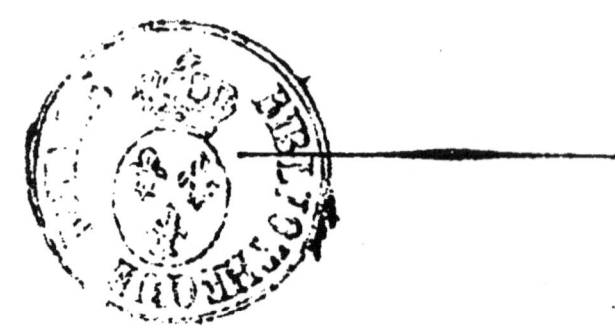

A PARIS,
CHEZ PICARD-DUBOIS, LIBRAIRE,
RUE DES MAÇONS-SORBONNE, N° 3.

1821.

CINQUIÈME VOYAGE.

MES VOYAGES
AUX
ENVIRONS DE PARIS.

CINQUIEME VOYAGE.

Joseph, allez ouvrir! on sonne;
Mais ne laissez entrer personne.
— Monsieur, c'est le jeune savant
Si beau parleur en langue grecque,
Qui déjeûne avec vous souvent
Et vit dans sa bibliothèque.
— Faites entrer! — Quoi! si matin
A déchiffrer du vieux latin!
— Comme toi devançant l'aurore,
Pour me livrer à mes travaux,
La nuit par fois je suis encore
Trottant et par monts et par vaux:
Mais les lauriers, qu'en mon délire
Je croyais dus à mes talens,
Se sont, aux accords de ma lyre,
Transformés tous en cheveux blancs;
Tandis que, nous traçant l'histoire
De tous les princes byzantins,

Clio du temple de Mémoire
T'ouvre les glorieux chemins;
Sans, pour cela que tu négliges
Les jeux, les amours et les ris
Dont l'art divin, les doux prestiges
Troublent la paix des vieux maris.
— Ami, trève de badinage!
Quel bois, quel château, quel village
Aujourd'hui vas-tu parcourir?
Permets que je vienne m'offrir
Pour ton compagnon de voyage.
— L'offre me plait, et j'y souscris.
Je vais aux champs qui virent naitre
La bienfaitrice de Paris,
Champs où la Sainte menait paitre
Et ses agneaux, et ses brebis (1).
De Nanterre j'irai peut-être
Visiter le célèbre lieu,
Que le grand nom de Richelieu
Me fait désirer de connaitre (2):
Enfin, j'irai chez Hamilton,
Qui, plein de grâce et de génie,
Paisiblement coula sa vie
Près de Vénus et d'Apollon (3).
— Je suis, mon cher, de la partie;
Et las de vivre casanier,

---

(1) Nanterre.
(2) Ruel.
(3) Saint-Germain-en-Laye.

Il faut que l'homme à tout se plie ;
Et c'est une étrange manie
De vouloir toujours s'ennuyer
Au sein de la misanthropie.
Désertant la ville avec toi,
Franchissant vallons et montagnes,
La moindre scène des campagnes
Puissamment agira sur moi.
Ici, par son onde plaintive,
Le ruisseau, rapide en son cours,
D'une déité fugitive
Me peint les tragiques amours.
Là, dans la rose bocagère
Qu'un papillon vient caresser,
Je vois le cœur d'une bergère
Qu'amour a pris.... pour le laisser :
Enfin, si j'aperçois des hommes,
Aimant avec fidélité,
Je dirai : c'est ce que nous sommes.
— Non ; ce que nous avons été.
Partons, mais donne ta parole
Que de savant quittant le rôle,
Sans parler ni latin ni grec,
Tu parleras français tout sec.

Nous montons en voiture, et dirigeons notre route vers Saint-Germain-en-Laye. A peine arrivés aux Champs-Elysées, avenue de Neuilly : c'est dans cette maison que tu vois, me dit mon ami, que, le 12 août 1816, est décédé, au printemps de l'âge, l'auteur de Belzunce, qui, huit jours avant sa mort, fit une romance si touchante et si pleine de sensibilité, dont voici le refrain : « *Vous qui priez, priez pour moi* (1). »—Je le savais,

---

(1) Je pense qu'on ne sera pas fâché de trouver ici une lettre inédite de l'évêque de Marseille, dont le souvenir ne se rattache qu'à des bienfaits, et qui a si bien inspiré la muse de Millevoye :

« A monsieur Fabre, curé de la Ciotat.

» Marseille, 16 avril 1739.

» Dans la conviction où je suis, Monsieur, que vous avez de l'amitié pour moi, je ne doute point que vous ne preniez part à ma profonde douleur, et je vous en remercie de tout mon cœur. Je viens de perdre le seul frère qui me restoit... celui que j'avois toujours le plus aimé, et je perds dans ce frère si chéri, un ami fidèle, sincère, solide, avec qui j'avois toujours esté intimement uni, et afin que rien ne manque à ce qui peut augmenter mon affliction, je le perds dans un moment !

» Les regrets de tout Paris et de Versailles, et ceux de Marseille, sont pour moi, mon très cher curé, une légère consolation... M^de la duchesse de Lauzun m'en a donné une plus grande ; elle me mande (et un neveu et un ami de mon frère me l'écrivent aussi) que depuis deux mois, mon chèr frère étoit infiniment touché de Dieu et dans le dessein de mener une vie sainte... Que pendant tout le carême, il n'avoit pas manqué un seul sermon du P. de Neuville ; qu'il avoit beaucoup pleuré aux derniers de ses sermons ; qu'il s'étoit plusieurs fois approché du tribunal de la pénitence, et mesme

lui dis-je; mais tu ignores peut-être que le ministre Lainé, informé que ce poëte, à son heure dernière, était dans la plus grande détresse, s'empressa de lui faire porter des secours. — Comment se fait-il que la veuve et son Alfred languissent dans l'indigence?... Les travaux du père ne sont-ils pas des titres aux bienfaits du Gouvernement pour le jeune Millevoye ? — Sans doute; mais de grâce, hâtons-nous de sortir des Champs-Elysées; le souvenir de l'assassinat glace tous mes sens. — Qu'est-ce donc ? — Quoi ! tu ne sais pas.... — Non; explique-toi. — Eh

---

deux jours avant sa mort... Enfin, il devoit faire sa communion pascale le même matin que Dieu l'a enlevé dans un moment... Mais dans un moment de miséricorde, comme nous devons l'espérer.

» Je me soumets de tout mon cœur aux ordres de Dieu... Mais mon entière soumission ne m'empêche pas de sentir tout le poids du terrible coup qui me frappe et qui m'ensevelit dans un abisme de douleur.

» Je recommande instamment ce frère si chéri que je pleure si amèrement, à vos saintes prières, à celles de MM. vos prêtres... de vos chers parolssiens, et je vous conjure tous d'avoir la charité de ne m'y pas oublier... Adieu, mon très-cher curé, je suis absolument à vous et dans la sincérité de mon triste cœur

» Henry, *évêque de Marseille.* »

bien! voici en peu de mots le narré succinct de cet affreux événement.

J'étais depuis huit ans à Paris, lorsque mon père, qui n'avait que moi, fit deux cents lieues pour me voir. Il était entré dans la capitale le même jour que les alliés; le bruit tout à coup se répandit qu'on allait miner le monument de l'Etoile et le pont des Invalides. Mon père, ami des arts et jaloux de prendre une idée de l'arc de triomphe, m'engage à l'accompagner. Trois de mes amis viennent avec nous. Les Champs-Elysées, et principalement l'avenue de Neuilly, étaient bordés de canons. Nous arrivons à la barrière : après avoir admiré le monument, nous nous retirons paisiblement. J'étais en avant avec mon père, lorsque tout à coup arrive derrière nous un général étranger dans une calèche qui allait écraser un de mes amis, s'il ne se fût jeté près d'un canon. La sentinelle présente la baïonnette à mon ami qui, très-honnêtement, lui observe qu'il n'a pu faire autrement que d'approcher du canon, pour échapper à une mort certaine. Le soldat, sans rien répondre, a l'air d'enfoncer la baïonnette. Mon ami irrité, lui détache imprudemment un coup de canne et s'enfuit à toute jambe. La sentinelle donne le signal de l'alarme. Le jeune homme est atteint d'un coup de sabre, et l'on s'empare de sa personne pour le fusiller. Il m'appelle, j'abandonne le bras de mon père et vais demander grâce pour lui. Les soldats, les officiers fondent sur moi, les uns avec leur sabre, d'autres avec leur baïonnette, et d'autres, enfin, avec leur lance. Je tombe sous leur fer assassin.

Un de leurs chefs, *qui parlait très-bien français*, ordonne qu'un coup de canon emporte ma tête; mais éperdu, sans connaissance, ne pouvant me tenir sur mes jambes, me croyant mort, ils me portent dans leur corps-de-garde. Mon père, après avoir essuyé leurs mauvais traitemens, parvient à s'échapper avec mes deux autres amis, qui répandent dans Paris la nouvelle de mon assassinat. On court chez le général Dessoles, qui commandait alors la garde nationale. A minuit, d'après un ordre émané de l'état-major, un détachement de cavalerie et d'infanterie me conduit, ainsi que mon ami, place Vendôme. On appelle un chirurgien qui panse mes blessures, et l'on me couche sur des planches. A dix heures du matin, un second ordre enjoint qu'on me transporte chez moi, quoique mourant. Mon père, désespéré, qui croyait que je n'existais plus, ne me reconnaît point, tant j'étais défiguré et couvert de sang. On fait venir des médecins, on me saigne plusieurs fois. Le huitième jour, mon père voit que mes blessures commencent à donner quelqu'espérance; mais, hélas! la mort qui, depuis ces huit jours, était dans son sein, comme un coup de foudre me l'enlève le neuvième. Ce fut ainsi, qu'en sauvant mon ami, je perdis mon père. — Comment se fait-il que tu aies caché cette action même à la plupart de tes amis? — N'en parlons plus; et puisque nous voilà déjà hors de la capitale, occupons-nous du but de mon voyage, et passons à des peintures plus douces.

Le premier village qu'on rencontre à la sortie de Paris, en allant à Saint-Germain-en-Laye, est celui de Neuilly, voisin des rives de la Seine, et qui doit son origine à un port établi à la place où se trouve le pont. Il s'appelait *Portus de Lulliaco*, en 1222; et de ces mots, on en fit celui de

Nully, et dans la suite, Neuilly (1). En 1606, il n'y avait encore qu'un bac, appartenant aux religieux de Saint-Denis, à l'aide duquel on traversait la Seine; mais l'accident qu'y éprouva Henri IV, étant dans son carrosse avec la reine qui faillit périr, en 1606, détermina ce monarque à faire construire cette année même un pont en bois, nommé le *Pont-Henri*, en y établissant un péage. Trente-deux ans après, le pont ayant croulé, on y replaça des bateaux pour le réparer; et puis Louis XIII fit don du péage, durant trente ans, à la demoiselle de Hautefort. Louis XIV continua cette jouissance à la même demoiselle, qui fut duchesse de Schomberg. Ce ne fut que le 22 septembre 1772, qu'on acheva, sur les dessins de Perronet, le superbe pont que l'on y voit aujourd'hui et qu'on vit traverser, pour la première fois, par S. M. Louis XV. Les pierres y sont d'une longueur extraordinaire; il y en a même une qui a trente-quatre pieds.

Non loin du pont est, sur la droite, le château de Neuilly, élevé sur plusieurs ter-

---

(1) Voyez une Charte de l'Abbaye de Saint-Denis.

rasses qui descendent vers les bords de la Seine. Il est d'un goût romain, couronné d'une balustrade interrompue par des piédestaux qui portent alternativement des vases et des groupes d'enfans. Le ministre d'Argenson, qui choisit cette situation, pensa très-judicieusement que l'art n'étale jamais mieux ses richesses que lorsqu'il est secondé par la nature. Il appartint à Sainte-Foy, puis à la princesse Borghèse, et aujourd'hui à S. A. S. monseigneur le duc d'Orléans.

Mais c'est surtout du pont de Neuilly qu'on aperçoit, sur la droite, et qu'on jouit agréablement du village de Courbevoye, assis sur des collines qui bordent la rive gauche de la Seine. Il est ainsi nommé du latin *curva via*, parce que, en effet, le chemin qui y conduit, est tortueux. La superbe caserne, bâtie sous Louis XV, qui se présente d'abord à l'œil du voyageur, est d'un très-bel effet. Nul village des environs de Paris n'a peut-être autant de jolies maisons de plaisance bâties en pierre, et qui toutes ont de fort beaux jardins avec des charmilles qui forment des masses de verdure et servent de fond aux divers tableaux. Le château, au bas de la côte, appartient à M. le marquis de Fontanes, dont le vaste jardin descend jusque sur les bords de la Seine, et la maison non moins belle que la sienne, est à madame la duchesse d'Aumont.

Sortant de Neuilly et laissant Courbevoye sur notre droite, nous allons à Puteaux. Ce village, à une lieue et demie de Paris, se trouve dans les chroniques de Saint-Denis (1), sous le nom d'*Aiguepainte*, qu'on aura substitué à *Aqua-Putta*, du moins c'est ainsi qu'on lit ce nom dans les gestes de Dagobert 1er, chapitre 37. Mais il ne faut pas croire que cela signifie *mauvaise eau;* au contraire, *put*, en celtique, veut dire *bon;* ainsi, ces deux mots signifieraient *bonnes eaux*.

Cependant, il paraîtrait plus naturel de penser que Puteaux vient du latin *putcoli* (petits puits), attendu que les puits ne peuvent point y être profonds à cause du voisinage de la Seine.

En lisant l'histoire de l'abbaye de Saint-Germain-des-Prés (2), on voit que Guillaume

---

(1) L. V, chap. 15.
(2) P. 177.

Briconnet, qui en fut abbé, permit aux habitans de Puteaux de construire une chapelle qui fut érigée en 1523, et dédiée à Notre-Dame-de-Pitié. Mais quoiqu'elle n'ait été originairement que très-petite, elle fut agrandie par la suite, comme il est facile de le remarquer. Entre autres sujets qui se trouvent peints sur les vitraux, on distingue la résurrection d'un enfant, opérée par Saint Maurice; et une inscription apprend que les diverses peintures ont été exécutées en *mil cinq sans cinquante-huit.*

Le tableau du maître-autel, qui appartint jadis à l'église Saint-Laurent de Paris, représente le baptême de N. S. : c'est peut-être le meilleur ouvrage de Dumont, qu'il exécuta à Rome.

Parmi les personnages illustres qui ont eu de jolies maisons de campagne à Puteaux, où l'on cultive avec grand soin les rosiers, dont les habitans vendent les fleurs aux parfumeurs de Paris, on doit citer celle de la duchesse de Guiche et du duc de Grammont, qui appartint dans la suite au duc de Penthièvre. Cette dernière existe encore sous le nom de Faventine, parce qu'un personnage de ce nom la posséda. Elle fut acquise bien plus tard par le duc de Feltre (1). Voici un petit billet à M. B**, qui prouvera combien cet officier chérissait les arts :

« Paris, 13 frimaire an 4.

» Citoyen,

» Les amis des arts voient avec peine les statues de marbre qui étaient placées jadis sur les autels de l'intérieur du dôme des Invalides, exposées aux injures de l'air et au vandalisme des passans dans la cour qui avoisine le dôme. Vous donnerez sans doute des ordres pour empêcher cet abus que je vous dénonce.

» Salut et respect,

» Le g^{al} de brigade, directeur du cabinet topographique et historique militaire.

» Clarke. »

En face du village, se trouve l'île de Puteaux, où M. de Bourges, correcteur des comptes, donna jadis tant de fêtes brillantes sur l'eau, à des gens moins beaux-esprits, mais peut-être plus aimables qu'aujourd'hui.

---

(1) Elle a été vendue dernièrement à un irlandais.

> Car dans cet agréable lieu,
> Où l'œil avec plaisir s'égare,
> Se rendaient le galant Chaulieu,
> Courtin, Bachaumont et la Fare;
> Vrais disciples d'Anacréon,
> Qui, tous s'élançant sur ses traces
> Dans l'art badin de la chanson,
> Sont arrivés, suivis des Grâces,
> Jusqu'au sommet de l'Hélicon (1).

Derrière cette île se trouvaient aussi la maison et les beaux jardins de M. de Saint-James, qui offraient des beautés très-remarquables. Le bâtiment était décoré d'un porche composé de quatre colonnes ioniques, et les jardins étaient dessinés dans le genre anglais.

Poursuivant notre route et cotoyant toujours la Seine, nous trouvons en peu d'instans Suresne, village dans une position des plus pittoresques. On pourrait croire que, par une étymologie assez naturelle, son nom vint de sa situation sur les bords de la Seine, dont on aurait fait, par corruption, Suresne. Cependant, je ne dissimulerai point que l'orthographe de ce mot, que l'on

---

(1) Cette propriété appartint ensuite à madame de Coaslin, et maintenant à M. Seillières.

trouve écrit *Surisnœ* dans plusieurs chartes, à compter du commencement du 10ᵉ siècle, puis *Sorenœ*, au 13ᵉ, ne vient point à l'appui de cette étymologie.

Il est plus probable que ce lieu doit son nom à quelque mot celtique, dont nous ne connaissons plus la signification. Ce qu'on ne peut révoquer en doute, c'est que la terre de Suresne appartenait, en 918, à Charles-le-Simple, qui la donna à Robert, abbé de Saint-Germain-des-Prés, et grand-père de Hugues-Capet.

L'église, dédiée à Saint-Leufroy, fut brûlée par les Huguenots en 1577. L'inscription *M. DCC. LVIII*, qu'on lit sur le clocher, relate sans doute l'époque de la restauration. François Vatable, professeur d'hébreu au collége royal, connu principalement par une bible qui porte son nom, en fut curé en 1524.

C'est dans ce lieu que, le 29 avril et le 3 mai de l'année 1593, se tinrent des conférences pour déterminer Henri IV à embrasser la religion catholique. Son abjuration eut lieu à Saint-Denis entre les mains de l'archevêque de Bourges; et, le 27 février de l'année suivante, il fut sacré à Chartres.

En 1633, Colbert, secrétaire du roi, y avait une maison de plaisance, et M. de Lyonne en 1669. Mais la plus remarquable, était celle du duc de Chaulnes, qui l'avait acquise de madame la marquise de Flamanville.

Une chose surtout, que je ne dois point passer sous silence en parlant de Suresne, c'est le couronnement de la Rosière, qui se fait chaque année, le 27 août, dans l'église de ce village, avec toute la pompe et l'appareil en usage pour cette cérémonie, qui attire toujours un nombreux concours de spectateurs (1).

Suivant la fondation, due à M. Héliot, secrétaire de la feuille des bénéfices, le curé choisit trois jeunes personnes, et notifie son choix au maire et aux marguilliers, qui se réunissent pour procéder, par la voie du scrutin, à l'élection de la Rosière. Ce prix, décerné à la vertu, consiste en une somme de

---

(1) On attribue à Saint Médard, évêque de Noyon, qui vivait sous Clovis, l'institution de la fête de la Rose. Cet évêque, qui était seigneur de Salency, donnait tous les ans 25 liv. et une couronne de roses à celle des filles qui jouissait de la plus grande réputation de vertu. Le premier prix fut décerné à une de ses sœurs.

300 liv., et en une couronne de roses posée sur le front virginal par un archevêque, qui, le plus souvent, officie ce jour-là.

Il n'est pas rare de voir une mère qui fut *Rosière*, apprendre à sa fille les vertus qu'elle doit mettre en pratique pour être *Rosière* à son tour.

Laissant notre leste équipage au bas de la côte, nous nous acheminons vers le Mont-Valérien dont la pente est si rude, qu'on y a pratiqué des marches en plusieurs endroits pour en faciliter l'accès. Nous arrivons enfin sur le sommet de ce mont fameux, qui majestueusement domine des plaines immenses, et dont les points de vue offrent un mélange heureux de collines et de vallons.

Le Mont-Valérien, qui n'est qu'un hameau situé sur la montagne la plus élevée des environs de la capitale, et couverte de vignes, a pris son nom, selon les uns, d'un Gaulois d'origine romaine, appelé *Valerianus Severus*; et selon d'autres, moins fondés peut-être, de Valérien, père de l'empereur Gallien.

En consultant les lettres d'Odon de Sully, évêque de Paris en 1204, on voit que ce mont était déjà appelé *Mons-Valeriani*; et en lisant du Breul, on apprend qu'un pénitent, nommé Antoine, qui vivait sous Charles IV, s'y était renfermé dans une cellule fort étroite, qui fut détruite du temps des guerres civiles entre les ducs d'Orléans et de Bourgogne.

Plus tard, on y bâtit une chapelle que la sœur Guillemette fit ériger du produit des aumônes qu'elle recevait. L'on donna à cette chapelle le nom de *Saint-Sauveur*, parce que la fondatrice, qui y fut inhumée, était née à Paris, rue Saint-Sauveur (1). Le frère Jean de Haussay, natif de Chaillot, près Paris, lui succéda en 1561. Il y vécut quarante-six ans, et fut inhumé près de Guillemette.

Dans la suite, plusieurs anachorètes furent mis tour à tour en possession de cet ermitage par Henri de Gondi, cardinal de Retz; et Séraphin de la Noue, quatrième anachorète, fut entretenu par les aumônes

---

(1) J'ai cru voir parmi les décombres entassés non loin du Calvaire, la pierre qui recouvrait les restes de la sœur Guillemette.

de Marguerite de Valois, première épouse de Henri IV.

En 1634, il s'y établit une congrégation sous le nom de *Prêtres du Calvaire*, qui y vivaient sous un régime très-austère. Ce fut Louis XIII qui engagea un ecclésiastique nommé Hubert Charpentier, à ouvrir cet établissement. Les lettres-patentes furent expédiées au mois d'août 1633, et confirmées par Louis XIV.

La dévotion y introduisit une espèce de pélerinage que l'on y faisait la nuit du jeudi au vendredi-saint, en portant des croix; mais des abus qui s'ensuivirent engagèrent le cardinal de Noailles, archevêque de Paris, à supprimer ces pélerinages, le 27 mars 1697, en conservant toutefois ceux du mois de mai et de septembre.

La loi du 18 août 1792, vint détruire la congrégation des ermites comme toutes les autres; et ce n'est que depuis le concordat de 1810, que le cours de cette piété a été repris.

Après avoir descendu le Mont-Valérien par la seule route que les voitures puissent pratiquer, et qui est bordée de jeunes tilleuls (1), nous nous trouvons à Nanterre, qui n'est remarquable que pour avoir donné naissance à Sainte Geneviève.

Il n'est pas douteux que ce village ne soit un des plus anciens des environs de Paris. Son nom, en latin *Nemptodorum*, a la plus noble étymologie. *Nem*, en celtique, signifiait temple (2), et *Tor* était la principale divinité des Gaulois. Aussi Nanterre eut-il un temple païen qui fut détruit dans le courant du 5e siècle.

Comme tout le monde sait que Saint Germain, évêque d'Auxerre, et Saint Loup, évêque de Troyes, distinguèrent, en passant par ce village où il n'était plus question de paganisme, une simple bergère, fille de Sévère et de Géronce, je m'abstiendrai de faire l'analyse de l'histoire de la vierge de Nanterre. Je dirai seulement que l'on voyait, avant la révolution, plusieurs chapelles qui rappelaient les différens événemens de sa vie. L'une se trouvait érigée sur les ruines de la maison qu'occupaient ses parens, et

---

(1) C'est aux soins de M. le maire de Nanterre qu'est due cette route.

(2) D'après Fortunat.

qui remontait au 11ᵉ siècle. Il existe encore aujourd'hui un puits qui servait au ménage de cette pieuse famille, et dont l'eau a la réputation d'opérer des miracles.

Un écrivain du 13ᵉ siècle, que je crois être resté ignoré jusqu'à ce jour, rapporte que la mère de Sainte Geneviève perdit la vue pour avoir donné un soufflet à sa fille, qui désirait se rendre à l'église avec elle. Il raconte la suite de cet événement de la manière qui suit :

« La mere un jor c'est porpensée
Que Saint Germain a esposée
Sa fille a Dieu, et si li dit
Qu'elle fust ancele Jesucrist,
Encor li souvint il de plus
Et dist que li Anges lassus
Sorent de sa nativité
Tantost toute la vérité.
Lors a esperance nouvele
En la saintime damoisele.
A soi l'apele et cele vient
De cui au cuer grant pitié tient:
Dites, mere, que vos volez,
Toutes ferai vos volontez
Comme ma dame se je puis.
Ma douce fille, alez au puis,

De l'eve à boire m'aportez.
Cele qui plaine est de boutez
Et precieuse et Virge et Sainte,
De tost aler ne s'est pas fainte;
Au puis s'en vet sans demorer,
Tendrement commence à plorer
Delez le puis desor la rive
Pitié les larmes li avive
Del cuer aus iex tot contremont
Jusqu'au menton lor voie font
Duel a que sa mere a perdue
De ses cilz par lui sa veue :
Molt crient que cis pechiez li nuise.
Plein son vessel de l'eve puise,
A sa mere revient tost droit,
De sa veue en grant destroit
Avoit molt longuement esté
Mais elle aura par tant santé.
Dame, fait la sainte pucele,
Vesci de l'eve clere et bele,
Vostre voloir ai acompli
A la Virge dit et enseigne :
Belle fille, ceste eve seigne
De la crois et fai le saint signe
De par celui qui tot asigne
Et par celui Creator
Qu'as a espos et à Seignor,
Lors là la pucele seignée

> Et à sa mere en a baignée
> La chiere et les ielz par trois foiz
> Que molt avoit eus destroiz
> En tenebre noure et oscure
> Si com raconte l'escripture
> Avoit XXI mois esté
> Et Diex la remist en clarté (1). »

Cette guérison est sans doute l'origine des fréquens pélerinages, qu'une multitude de personnes affligées viennent faire à Nanterre pour y chercher des consolations.

Une autre chapelle, non loin de ce lieu, au centre d'un petit bosquet sur le chemin

---

(1) Cet ouvrage fut composé par ordre de madame de Valois, comme l'annonce le début :

> « Madame de Valois me prie
> Que en roumanz mete la vie
> D'une Sainte quelle moult aime
> Geneviève la nome et claime
> Puis qu'il li plest et ele velt
> Mes cuers de joie s'i aquelt. »

Vers la fin de cette vie, l'auteur se fait ainsi connaître :

> « Renauz qui ceste vie dit
> Ne puet trouver plus en escrit
> Sachiés qu'il vous a conté
> De l'istoire la vérité. »

qui conduit à Chatou, retraçait l'endroit où la Sainte gardait les troupeaux. Là, chaque passant déposait une petite pièce de monnaie. Ce monument religieux ayant été détruit, un particulier qui a voulu rester inconnu, a placé à l'endroit même une croix pour en perpétuer le souvenir.

L'église paroissiale de Nanterre, dédiée à Saint Maurice, fut construite vers l'an 1300; et le portail, décoré de pilastres doriques, paraîtrait avoir été refait en 1699. On voit dans l'intérieur du monument, près de la chapelle de Sainte Geneviève, un petit mausolée élevé à la mémoire de Charles le Roi, horloger et fils du célèbre Julien le Roi.

Pendant que nous poursuivons notre voyage vers Ruel, village à une très-petite distance de Nanterre, ces lieux me rappellent la catastrophe arrivée à le Tellier, frère de Louvois, si bien racontée par madame de Sévigné, et que voici :

« L'archevêque de Reims revenoit fort vite de Saint-Germain : c'étoit un tourbillon.... Il passoit au travers de Nanterre, tra, tra, tra; il rencontre un homme à cheval, gare, gare; ce pauvre homme veut se ranger; son cheval ne veut pas; et enfin le carrosse et les six chevaux renversent cul par dessus tête le pauvre homme et le cheval, et passent par dessus, et si bien par dessus, que le carrosse en fut versé et renversé : en même temps, l'homme et le cheval, au lieu de s'amuser à être roués et estropiés, se relèvent miraculeusement, remontent l'un sur l'autre, et s'enfuient et courent encore, pendant que les laquais de l'archevêque et le cocher et l'archevêque même, se mettent à crier : arrête, arrête ce coquin, qu'on lui donne cent coups. L'archevêque, en racontant ceci, disoit : Si j'avois tenu ce maraud-là, je lui aurois rompu les bras et coupé les oreilles (1). »

Le premier monument qu'on aperçoit à la sortie de Nanterre, est la superbe caserne bâtie sous Louis XV, en même temps que celle de Courbevoye, et occupée aujourd'hui par la garde royale.

Selon Adrien de Valois, Ruel vient d'un mot celtique *roto* ou *roth* (rouge), à cause de la couleur rouge du terrain.

Grégoire de Tours et ses continuateurs, qui font souvent mention de ce lieu sous la

---

(1) 345ᵉ lettre.

dénomination de *Villam Rigoialensem*, ou bien *Rioilum*, ou enfin *Rotoialum*, nous apprennent que ce lieu, au bas d'une colline, fut habité par la première race de nos rois (1). Ce ne fut qu'à l'époque où Charles-le-Chauve le donna à l'abbaye de St.-Denis, à condition qu'elle entretiendrait sur son tombeau et ceux de ses parens un beau luminaire, qu'il cessa de faire partie du domaine royal; et dans la suite, les abbés de Saint-Denis en furent reconnus les seigneurs. Mais ce ne fut principalement que vers le commencement du 17e siècle, que Ruel devint un lieu fameux, qui se rattache à notre histoire, par le séjour du cardinal de Richelieu, et les grandes résolutions qui y furent prises (2). Le château de cette Eminence, dont on ne voit plus aujourd'hui de vestiges, et qui, dans l'origine, n'était qu'une maison de plaisance bâtie par Moiset, riche propriétaire de Paris, fut tellement embelli par les ordres du cardinal, que les châteaux royaux mêmes, n'offrirent point autant de

---

(1) Dans une Charte du roi Louis-le-Gros, de 1113, Ruel est nommé *Ruellium*.

(2) Le maréchal de Marillac y fut jugé à mort le 8 mai 1632.

curiosités que le sien. Les jardins, les cascades, les grottes surtout, étaient admirables, comme nous le verrons dans la suite, si nous devons en juger d'après les dépenses qui y furent faites.

A la mort du cardinal (1), son Eminence légua par son testament du 23 mai 1642, le château de Ruel à la duchesse d'Aiguillon, sa nièce. Elle en jouissait déjà depuis quelques années, lorsque la cour, menacée par la Fronde, s'y retira en 1648, et y resta plus d'un an.

En 1666, Louis XIV ayant le désir de posséder ce château, Colbert en fit la demande à la duchesse d'Aiguillon, qui lui envoya une lettre ainsi qu'un mémoire restés inédits, que je crois devoir joindre ici comme très-curieux pour l'histoire (2) :

« Ce   d'avril 1666.

» Je ne puis jamais tesmoigner mon obéis-

---

(1) Un doigt annulaire et une pincée de la moustache du cardinal de Richelieu, ont été recueillis par feu M. Petit-Radel, architecte, et ils existent entre les mains de M. son frère, membre de l'Académie des Inscriptions et Belles-Lettres.

(2) Voyez les lettres manuscrites de Colbert durant son ministère, avril et mai 1666.

sance au Roy dans une occasion qui luy marque mieux mon respect infiny pour les volontés de Sa M^{té}, qu'au sujet dont il s'agist, n'aiant jamais pensé à vendre Ruel ny pensé aussi qu'il se feust iamais vendu.

» J'avoue qu'il m'est cher, par bien des considérations, et vous pouvez iuger, Monsieur, vous qui estes si reconnessant, les dépenses excessives que i'y ay faites font connestre l'afection et l'attachement que i'y ay tousiours eu; mais le sacrifice que ie feray en sera plus grand; j'espère qu'estant présenté par vos mains, vous en ferez valoir le mérite.

» Le Roy est le maistre; et celui qui m'a donné Ruel a si bien apris à toute la France l'obéissance qu'il luy doit, que Sa M^{té} ne doit pas douter de la mienne.

» Voicy le mémoire que vous avez ordonné, permettez-moy de redire encore, Monsieur, « qu'excepté le Roy et la Reyne, » Ruel n'auroit point de prix à mon égard.

» Faites-moy, s'il vous plait, l'honneur de me croire vo^{re} tres humble servante autant que ie la suis.

» La Duchesse d'AIGUILLON. »

« *Mémoire que l'on a ordonné à la duchesse d'Aiguillon de faire des augmentations, acquisitions, bastimens et autres despences qui ont esté faictes à Ruel par M. le cardinal de Richelieu, outre le prix de l'achapt.*

» Monsieur le cardinal de Richelieu a agrandy le parc de Ruel de beaucoup plus de la moitié, par l'acquisition qu'il a faite de plusieurs terres dont il y a eu des arpens qui ont cousté jusques a mil escus, d'autres mil livres, d'autres huict cens, et ceux du plus bas prix, à quatre cens ou cinq cens livres, de sorte que ces acquisitions lui ont cousté au moins. . . . .   80,000ᶫ.

» Et comme c'estoient de bonnes terres labourables, des prez et des vignes, et que c'est un terroir hault et bas, il a fallu les aplanir avec bien des travaux pour les réduire en estat d'y planter de grandes allées, ce qui a cousté avec les plans des allées plus de. . . . .   40,000ᶫ.

» Le jeune bois de charme qui est au bas du parc, et le bois vert tous dressez et allées, ont esté entierement faicts, l'achapt des plans, le grand rond et le remuement des terres, ont cousté plus de. . . . . 30,000#.

» La recherche des eaux de hors le parc, les conduits des eaux de plus de demie lieue, les desdommagemens des terres par où on les a faict passer, les regards, le grand réservoir au-dessus de la cascade haulte, ont cousté plus de. . . . . 60,000#.

» La cascade haulte balustrée des deux costez de pierre de taille, a cousté plus de. . . . 36,000#.

» La perspective, le pavillon d'auprès, et deux autres autour des murs du parc et la glacière, ont cousté plus de. . . 30,000#.

» Le grand parterre, qui a esté relevé de trois pieds avec le plan, a cousté. . . . . . . 10,000#.

» Le grand escallier et la grotte

de balleine, qui est au bout de l'allée, ont cousté plus de. . . 36,000#.

» Les murs, tout autour du parc, qui ont esté entièrement faicts, ont cousté plus de. . . 50,000#.

BASTIMENTS.

» L'aisle droicte, dans la cour du chasteau, a esté bastie entièrement, il n'y avoit qu'un apentis en forme de petite gallerie, qui alloit prendre le pavillon du costé du portail de la cour du chasteau, la chapelle haulte où l'on entre de la principale chambre du chasteau, un cabinet, une petite garde-robe, une galerie au bout de laquelle est un pont; la terrasse balustrée de fer fort hault qui borde la gallerie tout du long, a cousté plus de. . . . . 42,000#.

» Le grand jeu de paulme, a cousté, avec le corps de logis qui regarde sur le jardin, et l'autre corps de logis qui regarde sur la rue, plus de. . . . . 58,000#.

» La grande escurie avec un corps de logis et de grands logemens, une cour, le bastiment de l'oisellerie, le carré d'eau qui est au milieu et l'agrandissement de la basse cour de Mendosse, ont cousté plus de. . . . . . 80,000ᴸ.

» Le grand corps de logis du chasteau a esté basty tout de neuf, et plus long de quinze pieds qu'il n'avoit esté; l'aisle gauche bastie toute entière, et la chapelle dans la cour couverte de dôme, où il n'y avoit jamais eu de bastiment, les fossez qui estoient tout ruinez, entièrement restablis. . . . . 130,000ᴸ.

» Il y a pour plus de cent mil francs de plomb et de fer à ce que Mʳ le cardinal a fait faire. . 100,000ᴸ.

» Toutes ces choses ont été faites depuis la premiere acquisition. La premiere acquisition est de. . . . . 147,000ᴸ.

» *Mémoire des dépenses que la duchesse d'Aiguillon a faictes à Ruel.*

» Depuis que Ruel est à la duchesse d'Aiguillon, elle a faict refaire entierement la cascade haulte en l'estat où elle est présentement, la grande nape qui est ensuite de la cascade, le grand bassin du grand parterre, la fontaine de l'estoile, la fontaine de la paix, le grand jet d'eau du rond qui est dans le bois, celuy du petit estang, seize jets devant les fenestres du costé du parterre, la cascade basse toute entiere, le parterre d'eau tout entier et la grotte; enfin, cent cinquante jets et cent nappes d'eau par des conduites nouvelles de plus de demie-lieue. La conduite et la recherche des eaux qu'elle a trouvées.

» Elle a faict faire la terrasse, les siegrettes et les balcons balustrés de fer tout autour du chasteau du costé du parc, de l'arcade et fenestres, toutes les peintures et toutes les dorures, à l'exception de la petite chapelle; car le nouveau bastiment que l'on avoit faict faire pendant l'absence de M{{r}} le cardinal, n'estoit pas achevé à son retour.

» Tous les espaliers, tous les fruitiers, les pepinieres et les potagers.

» De sorte que toutes ces dépenses reviennent à plus de . . 250,000ᵗᵗ. »

L'acquisition n'eut pas lieu, et le château de Ruel passa au duc de Richelieu. Plus tard, un héritier de ce nom le vendit à un homme d'affaires de Paris, qui, préférant l'utile à l'agréable, mit en valeur ce qui était consacré au luxe. Devenu propriété nationale, en 1793, tout fut vendu, et le château moderne qu'on y voit aujourd'hui, appartient à madame la princesse d'Essling.

La première pierre de l'église de Ruel fut posée en 1584, par Antoine I{{er}}, roi titulaire de Portugal, connu dans l'histoire sous le nom de *Prieur de Crato*. Le grand portail, dû à la munificence du cardinal de Richelieu, dessiné par Mercier, ressemble beaucoup à celui de la Sorbonne, exécuté par le même architecte, d'après les ordres de ce cardinal. Ce n'est que depuis la révolution qu'on ne remarque plus, dans l'intérieur du monument, le tombeau de Zaga-Christ, qui vint en France sous le ministère de Richelieu. Par les uns, il fut regardé comme roi d'Ethiopie, par d'autres, comme un imposteur; ce qui fit qu'on grava sur sa tombe la singulière épitaphe dont voici deux versions :

« Ci-gist le roi d'Ethiopie,
Soit original ou copie.
La mort a fini les débats
S'il l'étoit ou ne l'étoit pas. »

« Ci-gist du roi d'Ethiopie
L'original ou la copie.
La mort a vuidé les débats
S'il fut bien roi, ou s'il ne le fut pas. »

On y voit aujourd'hui le mausolée en marbre blanc que Joséphine a fait ériger à M. Tascher de la Pagerie, et sur lequel on lit l'inscription suivante :

A . ☧ . Ω.

Roberto . Margar . Taschebio
de la Pagerie
domo arce regia in insula martinica tribuno
in legione honoratorum ornamentis aureis donato
qui vixit a. p. m. LXVI.
Josephina
Patruo meritissimo
poni jussit.

Les dépouilles de Joséphine, qui reposent non loin de là, ne sont recouvertes d'aucun monument.

Traversant Ruel, nous allons à la Malmaison, agréablement située.

Si l'on se bornait à consulter les titres de l'abbaye de Saint-Denis, la Malmaison, non loin des bords de la Seine, ne remonterait qu'à 1244. Mais, comme on sait que ce lieu tire sa dénomination de l'arrivée des Normands, on peut sans crainte lui assigner une antiquité qui date au moins du 9e siècle; car ces insulaires débarquèrent dans ce canton à cette époque, et leur séjour y fut tellement fatal, par les ravages qu'ils y commirent, que de là lui vinrent les noms de *Malus portus*, *Mala mansio*, qui lui restèrent.

Vers le milieu du 13ᵉ siècle ce n'était encore qu'une simple grange appelée *Mala domus*, et dépendante de Ruel. Mais, au 16ᵉ, il faut croire que la maison avait changé d'aspect, puisque nous savons qu'en 1622 Christophe Perrot, conseiller au Parlement, fut seigneur de ce lieu.

> Conduit par sa muse fertile,
> C'est ici qu'autrefois Delille,
> Poëte élégant et facile,
> Fuyait et la cour et la ville.
> L'amitié, dans ce doux asile,
> D'un œil riant, d'un pas agile,
> Le guidait, de son domicile,
> Vers les bords d'un ruisseau tranquille,
> Qui, roulant sur la molle argile,
> Réflétait l'image mobile
> Des arbres, dont l'ombre vacille.
> Tandis que du monde il s'exile,
> Et qu'il se croit au Lucrétile,
> Apollon, à sa voix docile,
> Dirigeant son crayon habile,
> Le fait asseoir près de Virgile.
>
> Si quelque main par trop civile
> De ce grand homme un peu débile,
> Qui fut toujours exempt de bile,
> N'eût pas donné le codicile,
> Je trouverais moins difficile
> De citer ici quelque idylle

Du traducteur, brillant de style,
Qui sut, sans paraître servile,
Mêler l'agréable et l'utile.

Ainsi, pour n'être point stérile,
Je dirai que son cœur fragile
Fut épris de mainte pupille...
Ici finit ma rime en ile (1).

Lettre de Delille à M. Dureau, au château de Champite en Anjou, près Craon.

« Je trouve, mon ami, ta charmante lettre à mon retour de la campagne; elle m'a fait un bien infini, car tu sauras, mon ami, que je suis malheureux: tu me plaindras sûrement, et cela par deux raisons, tu m'aimes et tu as été malheureux aussi, et malheureux dans le même genre. Je suis amoureux et vaporeux, ce qui s'accorde assez bien ensemble.

» J'ai perdu le sommeil; mes nerfs, car je parle aussi de mes nerfs, sont dans un état horrible; combien te voilà cruellement vengé

---

(1) Ceci n'est point une fiction. L'abbé Delille allait souvent se promener dans une allée d'érables, divisée dans sa longueur par un petit ruisseau. Il traduisait alors les *Géorgiques.*

DELILLE
TRADUISANT LES GÉORGIQUES.

de mon incrédulité à tes maux, de mes mauvaises plaisanteries. Je serai donc moins malheureux que toi; car tu croiras à mes maux et tu les plaindras. Viens donc, mon ami, le plutôt possible; viens, ton cœur me manque, je n'avais pas besoin de malheur pour apprécier ton amitié. Mais si quelque chose me console, c'est qu'en ayant plus besoin j'en jouirai davantage. Je te verrai plus souvent et nous joindrons le souvenir de tes maux passés avec le sentiment de mes maux présens. Peut-être en résultera-t-il un peu de bonheur. Mais je ne t'ai pas dit encore un mot de ton excellente traduction. Mon ami, les bons esprits en ont été enchantés. Il ne lui a manqué que ses prôneurs, et ton projet de traduction de Tacite pourrait fort bien lui en avoir enlevé plusieurs. Tu m'entends. La Harpe vient d'en rendre un compte très-avantageux dans le journal jadis de Linguet, aujourd'hui le sien.

» Pomme, ton sauveur depuis qu'il a guéri ton corps, s'intéresse vivement aux productions de ton esprit, et le regarde en tout comme son ouvrage. Il a montré plusieurs de tes lettres à mad^{me} la C^{sse} de Boufflers, qui m'a beaucoup et très-bien parlé de toi, et qui m'a paru desirer te connaître; elle a lu ta production avec le plus grand plaisir. Je lui parlai de tes maux de nerfs, des remèdes que Pomme t'avait faits; je ne te nommais pas, elle l'a désiré, et m'a cité plusieurs traits de tes lettres.

» Adieu, mon cher ami, travaille à ton *Tacite*. Voilà qui est digne de toi. La Harpe l'annonce, et fais plus que ce grand et gros enfant-là.

» Adieu, je t'embrasse un million de fois. Présente mes respects à mad* Dureau. Je te serai redevable à ton retour, tu me trouveras prêt à payer les dettes d'honneur et celles de l'amitié. »

En 1792, la Malmaison, vendue comme propriété nationale, fut acquise par M. le Coulteux-Canteleux, qui, l'année suivante, la céda à Joséphine Tascher de la Pagerie, veuve Beauharnais et épouse de Bonaparte. Ce fut elle qui surtout embellit cette retraite, et en fit un des plus rians séjours des environs de Paris. C'est-là qu'on voyait les peintures, les vases et bronzes antiques les plus précieux; la ménagerie la plus curieuse qui existât peut-être en Europe; des cygnes noirs, et enfin des jardins botaniques qui renfermaient les plantes les plus rares que le botaniste ait jamais pu entretenir dans nos climats (1).

Pour convaincre le lecteur des soins que Joséphine prenait à embellir cette riante habitation, je crois devoir présenter ici une lettre autographe manuscrite qui m'a été confiée, et qu'on ne pourra révoquer en doute, comme certains mémoires que sa famille a cru devoir désavouer (2) :

« M. de Ch**, vous seriez très-aimable de donner ordre aux administrateurs du jardin des Plantes, d'envoyer à Malmaison les arbres et arbustes portés dans la liste que je joins ici ; je vous fais cette demande d'autant plus volontiers que je ne la crois pas indiscrette, et qu'elle ne fera aucun tort au jardin des Plantes, où il y a beaucoup d'arbres et d'arbustes de la même espèce.

» Vous connaissez tous mes sentimens pour vous.

» JOSÉPHINE.

« Ce 5 août. »

---

(1) M. Mirbel, un de nos botanistes les plus distingués et le premier physiologiste dans cette science, était intendant de la Malmaison.

(2) Voyez le Moniteur du 28 janvier 1820.

Cette femme célèbre ne se bornait point à donner des soins à sa maison de plaisance; les billets suivans prouveront que les savans et les artistes étaient aussi les objets de ses sollicitudes :

PREMIER, *à Lucien.*

« Vous savez, mon cher petit frère, l'intérêt bien vif que je prends au citoyen Frédéric. Vous m'obligerez beaucoup de lui être utile.

» JOSÉPHINE BONAPARTE. »

SECOND.

« Je recommande à vos bontés la demande du citoyen Redouté. Je prends à cet artiste le plus vif intérêt.

« A Paris, ce 14 ventose.

» LAPAGERIE BONAPARTE. »

A l'époque où Napoléon se sépara de Joséphine, cette femme se retira à la Malmaison. La postérité dira que le Monarque du Nord se fit un devoir, dans plusieurs visites, de lui donner le témoignage du plus grand attachement. Il accepta, le 26 mai 1814, le dîner qu'elle lui offrit. Le 30 du même mois, les habitans de Ruel perdirent pour toujours leur bienfaitrice, et la Malmaison passa au prince Beauharnais.

Depuis cette époque, de grands changemens ont eu lieu dans l'intérieur. La bibliothèque seule, où l'on remarque des modèles de vaisseaux de tous genres, est restée telle qu'elle était.

A peine sortis du parc de la Malmaison, nous nous trouvons au bas du charmant pavillon de la Jonchère, situé sur le penchant d'une colline, qui appartint au général Bertrand, et aujourd'hui à M. Ouvrard. De là, nous entrons dans la Chaussée, connue dès le 9ᵉ siècle sous le nom de *Charlevanne*, et dépendante de Bougival. C'est ici, me dit mon ami, où les Normands abordèrent en 846, et où Charles-le-Chauve se rendit pour les mettre en fuite (1).

La première maison qu'on voit bâtie en brique, peu remarquable, si ce n'est par

―――――――――――

(1) Serait-ce en mémoire de ce prince que Charlevanne aurait été nommé la Pêcherie (*vanna*, en latin du moyen âge) de Charles, *Charlavanna?*

son antiquité, fut habitée par la charmante Gabrielle, du temps de ses amours avec le père des Français, et dont voici une lettre à la duchesse de Nevers :

« A madame la duchesse de Nevers.

» Madame

» Nous avons esté, ces jours pacés en une extreme peyne de la malladye du Roy, non tant pour y voir Dyeu mercy nul peryl, que parce que ceus quy comme moy ne doyvent salut quen sa vye ne luy sauroit voir nulle incomodit' que laprehencyon quelle augmente ne lheur face souhoyter la fin de la lheur nous somes, Dyeu mercy hors de ces inquyetudes ayant depuis sinc ou cys jours recouvert son entyere santé Je nay point menqué à luy représenter le déplaisyr que vous et monsieur v^{re} fys en avyes resentys ce quyl la creu byen facyllement ayant tant de sujayt destre asseuré de lentyere affectyon de lung et de lautre, que je vous puys asseurer Madame sans flaterye ny avoyr personne de vos callytes en son royaume de quy yl ait pareylle satisfactyon yl sera byen ayse que M^r v^{re} fys

Madame

nous avons esté ces jours passés en très
extreme peyne de la muladye du Roy
non tant pour y voir dyes mersy nul
peryl grand... con говоря comme moy malayant
sa Mté quand il/se n'a Sry + emporté voir
nulle incommodyté que la fur h... cyon
qu'elle ang mentir ne l'hom face sonhoy
ter la fin de la... non... nous
d'y en refer... hors de ces en gry hu les
ayant... ...sme au G... fo... ne
comme son entyre santé Je n'ay
pount m... y a luy Representer 4 de
plus... g... dons il monsieur m...
fyr en... Resendys ce g... m'y st la
crén byon foeyllement oyant sen...
de enfinyt ... a... ... ...
affy... dy... ...
...
...

parceque satisfaction je veux bien
vous que nous fissions aforce sachez
si jeune homme a quelque sorte en faveur
de ma seur somme tu ne sa
draise il les affaires soy fromont
permettes gnant a moy maellem
Vous donc qu'il ne dira pas
une frencqu'il paissons que cest vous
fromon temoingnis lysnour affa t
qui fry a ma humblis sorant passant
seguille Jay este comme et dere
vous parler cnee front ette froys
de france by se en la qui Jeroye
y an en portant morys. Si vous en say
ma humur Croyri
machme qui sont le g my vous
sera agreable ma seur tres voudrons
an contentment Jl qui fr mon ot
demay entres mradulctter de

[illegible handwritten letter]

apres sa dyeste le vyene trouver et quyl soit aupres de luy le plus souvent que sa santé et ses affayres luy pouront permetre. Quant a moy Madame, je vous jure que je ne desyre ryen avec pareylle pacyon que de vous pouvoir tesmougner l'extreme affectyon que jay a v^{re} tres humble servyse, sur laquelle jay esté convyee doser vous parler avec peut estre trop de franchyse an ce que je croyes y estre important mays je vous suplye Madame croyez que tout ce quy vous sera agreable maportera tousiours du contentement et que je nauray jamais austres lois que celles de vos commandemens que je vous suplye me despartyr et me permetre apres vous avoyr baysé les mains en toute humyllyté que je vous asseure que je seray toute ma vye

Votre tres humble et tre affectyonnée serveñte

» Madame,

» G. Destrées (1). »

___

(1) Le château de Gabrielle appartenait en dernier lieu au marquis de Mesme, dont la veuve vient d'y finir ses jours à l'âge de 90 ans. Il avait été vendu à M. Ouvrard, à condition d'en laisser la jouissance à Mad. la marquise de Mesme.

Tout près de la Chaussée est, dans le fond d'un vallon des plus pittoresques, également sur la gauche, le village de Bougival à trois lieues de Paris. Ce lieu tire son étymologie du mot *Boi* ou *Bog*, qui signifiait anciennement des concavités. En effet, après qu'on eut extrait la craie et les pierres des montagnes voisines, il dut rester des creux ou concavités qui firent surnommer ce lieu *la Vallée des Boges*. Ces cavités servirent sans doute dans l'origine à la retraite des pauvres, et c'est probablement par où commença le village. Quoiqu'on y remarque encore des carrières et des fours à chaux, il y a de fort jolies maisons, dont celle de l'auteur de l'*Essai sur la vie, les écrits et les opinions de Malesherbes*, n'est pas la moins belle (1).

L'église, dédiée à la Sainte Vierge, qui paraît remonter à la fin du 12ᵉ siècle, a deux ailes terminées par des chapelles. Dans le bout occidental de l'aile méridionale, était jadis le tombeau de Rennequin Sualem, qui, sans savoir lire, inventa l'étonnante machine de Marly. Il serait d'autant plus

---

(1) M. le comte Boissy-d'Anglas.

facile d'y replacer la pierre qui recouvrait les restes de Sualem, que la veuve Philibert de Marly en fit l'acquisition lorsqu'on la vendit dans la révolution : l'épitaphe que voici est très-bien conservée.

« *Cy gissent honorables personnes sieur Rennequin Sualem, seul inventeur de la machine de Marly, décédé le 29 juillet 1708, âgé de 64 ans, et dame Marie-Nouvelle, son épouse, décédée le 4 mai 1714, âgée de 84 ans.* »

En face du lieu où se trouvait ce monument, est la chapelle de Saint-Avertin, que l'on invoque contre les maux de tête. On y voit encore la petite figure du Saint en bois doré (1).

Du vallon de Bougival nous montons à Louveciennes, appelé au 9ᵉ siècle, *Mons Lupicinus*, et aujourd'hui *Luciennes*.

Ce village, situé sur la pente d'une montagne très-élevée, est embelli par plusieurs maisons de plaisance, dont la vue se repose agréablement sur les eaux de la Seine.

---

(1) Le nom d'Avertin vient sans doute du latin *avertere*, détourner.

Des écrivains ont pensé que sa dénomination venait de ce que le lieu aurait peut-être servi de retraite aux loups. Mais comme il n'est pas sans exemple que les monts et les collines aient pris le nom des personnes qui y avaient des propriétés, il me semble qu'il serait plus vraisemblable de croire, avec Valois, qu'il vient de quelque homme appelé *Lupicius*, ou pour mieux dire *Lupicinus*, nom très-commun dans les 4e et 5e siècles, si ce n'est toutefois de *Lupicin*, officier des chasses du roi Chilpéric III.

Ce qui a fait surtout la gloire et l'agrément de Luciennes, est un pavillon construit en trois mois, sur les dessins de Ledoux, pour la fameuse madame Dubarry. Ce pavillon, dont tous les arts concoururent à embellir l'intérieur, était un modèle de goût et d'élégance. Les peintures, les sculptures, en firent à la fois un temple pour les Grâces, et un palais pour le Prince. Aussi fut-il toujours regardé comme un assemblage de chefs-d'œuvre. De loin il produit un effet réellement aérien et magique; et ce n'est que des rives de la Seine, qui coule pour ainsi dire à ses pieds, qu'on voit que ce pavillon est assis sur le sommet d'une montagne entourée de masses imposantes de verdure (1).

Mais, si l'on ne vit jamais rien de plus riche ni de plus élégant que l'ameublement de ce séjour enchanteur, on ne peut que déplorer d'avoir vu acheter par des étrangers tout ce qui pouvait se déplacer, et des mains mercenaires dégrader et détruire ce qui ne pouvait s'emporter (2).

Tout près se trouve Marly-le-Roi, ainsi désigné pour le distinguer de deux autres Marly non loin de Paris.

L'étymologie de ce nom est presque aussi difficile à fixer qu'il est difficile de déterminer l'antiquité du lieu. Tantôt on le lit en latin *Marliacum*, tantôt *Marleium* et *Marlacum*. Pourquoi ne viendrait-il pas de *marla*, qui signifie, dans Pline, *terre grasse*, et que l'on voit en effet dans le bas de Marly ?

Quoi qu'il en soit, on peut toujours assusurer que ce bourg était déjà connu au 7ᵉ

---

(1) La façade de ce pavillon présente quatre colonnes montées sur un stylobate.

(2). Cette propriété appartient à M. Laffite, banquier.

L'église, non loin de là, dédiée à Saint-Martin, a un aspect antique; cependant le chœur et le sanctuaire ne m'ont paru appartenir qu'au 13ᵉ siècle.

siècle, puisqu'il en est fait mention dans deux chartes du roi Thierry, de 678, datées de ce lieu. On lit pareillement un titre dans le cartulaire de l'abbaye de Colombs, de 1148, par lequel Mathieu de Montmorency qui avait déjà un château à Marly, affranchit l'église et le bourg *de toute coutume et exactions séculières*, ainsi que Hervé, son aïeul, et Bouchard, son père, l'avaient déclarée franche. Cette terre appartenait de temps immémorial à cette famille. Thibaud de Montmorency, fils du connétable Mathieu Ier, eut cette seigneurie en partage dès l'an 1160; mais, s'étant rendu à l'abbaye de Notre-Dame du Val, Mathieu, son frère puîné, en devint seigneur, et c'est ainsi que se forma la branche des seigneurs de Marly (1). Cette terre passa dans la suite à la famille de Lévis, puis à celle de Fumée, et enfin à celle de Bossuet, la même que celle du célèbre évêque de Meaux, à laquelle Louis XIV l'acheta.

Ce n'est toutefois que depuis la construc-

---

(1) Ce Thibaud, s'étant fait religieux, est reconnu comme un Saint, appelé *Saint Thibaud de Marly*. Il est à remarquer que ce prénom est conservé dans la famille de Montmorency, comme celui de Mathieu.

Tome 2.d P.t

a Marly le 11.me May 171[.]
Vostre attachement pour moy
et l'amitié que mon fils avoit
pour vous ne me permettent pas
de douter de vostre douleur et
de l'interest que vous prenés a
la perte que j'ay faitte. Contés
aussy sur mes sentimens
sur le desir veritable que
j'ay de vous donner en toutes
occasions des marques de mon
estime et de mon affection

tion du nouveau château, qui ne le cédait en rien aux plus beaux édifices de France, bâti par ce monarque dans le bas du bourg, dont l'église est sur le faîte, que ce lieu devint l'asile des rois, des plaisirs et des jeux. Si aujourd'hui tout est détruit, si ces lieux n'offrent plus que l'aspect de ruines et de forêts, mon cœur éprouve quelque soulagement, en lisant des lettres inédites des princes à qui la France dut tant de richesses, et de plusieurs autres personnages qui embellirent ce séjour devenu romantique.

Lettre de Louis XIV au duc de Vendôme.

« A Marly le 11me may 1711.

» Vostre attachement pour moy et l'amitié que mon fils avoit pour vous ne me permettent pas de doutter de vostre douleur et de linterest que vous prenés à la perte que j'ay faitte (1). Contés aussy sur mes sentimens et sur le desir véritable que jay de vous donner en touttes occasions des marques de mon estime et de mon affection

» Louis. »

---

(1) Louis, dauphin de France, fils unique de Louis XIV, mourut à Meudon de la petite vérole, le 14 avril 1711.

Lettre de Louis, duc de Bourgogne, fils du dauphin, au duc de Vendôme.

« A Marly le 11 may 1711.

» Je connois mieux que personne, monsieur, combien la perte que je viens de faire vous aura été sensible, par l'attachement que vous avez toujours eu pour *Monseigneur*. Mais vous avez aussi pu juger, par l'amitié qu'il m'a toujours témoignée, combien j'en ai été pénétré de douleur. Soyez persuadé, je vous prie, monsieur, que je tâcherai d'adoucir la vôtre en suivant les traces de *Monseigneur* à votre égard, en tout ce qui dépendra de moy, et que connoissant et ayant toujours connu la vérité des sentimens que vous avez pour moy, je vous donnerois avec beaucoup de plaisir, en toute occasion, des marques de mon amitié et de ma parfaite estime.

» Louis. »

Lettre de Marie-Adélaïde de Savoie, femme de Louis, duc de Bourgogne, au duc de Vendôme.

« A Marly ce 11 may 1711.

» Vous estiés si attaché à Monseigneur que je suis persuadée, monsieur, que vous avez

Tom: 2 P.e

a Marli ce 15 may 1711

Je scay l'attachement que vous aviés Mons
pour monseigneur et toutes les bontes qu'il
avoit pour vous ainsi je ne doutte pas
que vous n'ayés ressenti vivement sa mort
je ne doutte pas aussi que vous ne preniés
beaucoup de part a ce qui me regarde je
vous en suis fort obligé et je finis en
vous asseurant de mon amitié et de mon
estime
Charles.

senti vivement la perte que nous avons faitte, ie vous remercie davoir suspendu vostre douleur pour songer à la mienne qui est aussi cruelle quelle doit lestre, et je vous prie destre persuadé de l'estime que j'ay pour vous.

» M. ADELAIDE. »

Lettre de Charles, duc de Berry, au duc de Vendôme.

« A Marli ce 11 may 1711.

» Je scay lattachement que vous avies, mons^r pour Monseigneur et touttes les bontes qu'il avoit pour vous ainsi je ne doutte pas que vous n'aies resenti vivement sa mort. Je ne doutte pas aussi que vous ne prenies beaucoup de part à ce qui me regarde je vous en suis fort obligé et je finis en vous assurant de mon amitié et de mon estime.

» CHARLES. »

Lettre de Marie-Louise-Elisabeth d'Orléans, fille du régent et femme du duc de Berry, au duc de Vendôme.

« A Marly ce 11 may

» Mon cousin je nay pas douté un moment de votre affliction sur la perte que nous venons de faire de monsieur le Dauphin parce que je nignorois pas lamitié quil avoit pour vous et lattachement que vous aviez pour luy. Je vous remercie en mon particulier de l'attention que vous avez pour moy, et je vous prie de me croire

» Votre bien bonne cousine
» Marie-Louise-Elisabeth. »

Lettre de Louise-Françoise de Bourbon, légitimée de France, femme de Louis, duc de Bourbon, au duc de Vendôme.

« A Marly ce 9 may 1711.

» J'ay ressenty, monsieur, la douleur ou vous me paroissez, comme vous avez ressenty la mienne; je vous demande la continuation des sentimens dont vous m'assurez, et vous prie de ne point douter que les miens pour vous ne soient tels qu'ils doivent estre. Je n'ay pas la force de vous en escrire davantage.
» Louise-Françoise de Bourbon. »

Au bas du village, contre la route qui conduit à Saint-Germain-en-Laye, se trouve la fameuse machine de Marly, située sur un bras de la rivière de Seine, entre Marly et le village de la Chaussée. Elle fut commencée en 1676 et terminée en 1682. On a donné la

a Marly ce 11 may

Mon cousin je ne puis pas douter
un moment de votre afflection
sur la perte que nous venons de
faire de monsieur le dauphin
parce que je n'ignorois pas l'amitié
qu'il avoit pour vous et l'attachem.t
que vous avez pour luy je vous
remercie en mon particulier des
de l'attention que vous avez pour
moy et je vous prie de me croire
votre bien bonne cousine
Marie Louise Elisabeth

description de cette machine, qui fait suffisamment connaître le génie de l'inventeur. Mais tout extraordinaire qu'elle était avec ses quatorze roues, elle vient d'être remplacée par une autre plus admirable dans sa simplicité. Deux roues rendent le service des quatorze et font marcher deux pompes à quatre branches qui, par leur jeu successif, fournissent plus d'eau que n'en donnait l'ancienne machine. C'est à M. Martin que la France est redevable de ce beau travail. Elle lui devra plus encore : il a proposé de construire une pompe à feu sur le modèle de sa pompe hydraulique, et ses plans ont été acceptés. Un avantage inappréciable qu'on retirera de la pompe à feu, sera de rendre à la navigation, dans le bras principal de la rivière, l'eau qui lui était nécessaire, et dont on avait été forcé de s'emparer pour faire marcher les quatorze roues de l'ancienne machine.

Après avoir traversé le Port-Marly, qui n'offre de remarquable que le château de M. Besuchet, nous entrons dans Saint-Germain-en-Laye, à quatre lieues de Paris, ville située sur une montagne, au pied de laquelle coule la Seine, et peuplée d'environ 9,000 habitans. Elle doit son nom à l'évêque Saint-Germain, qui vivait dans le 5ᵉ siècle, et l'épithète *en Laye* lui vient de la forêt *silva Ledia* ou *Lea*, dont il est fait mention dans un ancien cartulaire de l'abbaye Saint-Germain-des-Prés.

En remontant à l'origine de cette ville, qui sera toujours célèbre, tant par le séjour qu'y ont fait nos princes que par son magnifique château, on voit que, sous le roi Robert, on y érigea une chapelle dédiée à Saint Germain, puis un petit monastère, près duquel se forma un village qu'on appela tout simplement *Saint-Germain*.

Sous le règne de Louis-le-Jeune, on y bâtit une maison de plaisance; et dès-lors nos Rois continuèrent à s'y plaire et par suite à l'habiter.

Christine de Pisan, qui fut élevée à la cour de Charles V, nous apprend que ce monarque, à juste titre surnommé le Sage, *fit moult notablement réédifier le chatel de Saint-Germain* en 1370. Il fut pris par les Anglais sous Charles VI. Charles VII le reprit des mains d'un capitaine anglais, et Louis XI son fils, qui n'aimait point la campagne, mais qui n'épargnait rien pour la conservation de ses jours, en fit présent à Jacques Coitier, son premier médecin, qui en fut dépouillé à la mort du prince. Néanmoins Charles VIII et Louis XII le négligèrent beaucoup. Ce ne fut qu'à l'époque où François 1er, qui avait beaucoup de goût pour la chasse, et s'était pris d'affection pour Saint-Germain, que le château fut augmenté d'un étage, ce que l'on reconnaît facilement à la couleur grise du moëllon, décoré par des dessins en brique. Louis XIII y fit faire encore de grands embellissemens, et durant le règne de son fils, les cinq pavillons qui flanquent les encoignures, furent élevés par J. H. Mansart; du reste, les lettres initiales sur les diverses constructions, rappellent les règnes sous lesquels elles ont été faites.

Ce que l'on appelle le château neuf, sur le faîte de la montagne plus près de la Seine, fut commencé sous Henri IV et Marie de Médicis, qui n'épargnèrent rien pour la perfection des ouvrages. Il fut embelli par Louis XIII qui y fut élevé; et Louis XIV, qui y naquit le 5 septembre 1638, en fit sa principale habitation jusqu'à la construction de Versailles. Mais, de tout cet édifice, au bas duquel est le village du Pec (1), il n'existe

---

(1) Le Pec devrait s'appeler *Aupec*, puisque son nom latin est *Alpicum*, qui vient du mot *Alp*, qui, en celtique, veut

plus aujourd'hui que la tour où est né Louis-le-Grand, et qui tombe en ruines.

Marie de Médicis aimait tellement ce séjour, un des plus agréables qui soit en France et où l'on a remarqué qu'on vivait long-temps, qu'elle disait au maréchal de Bassompierre : « Je me plais ici, quand j'y suis ; j'ai un pied à Saint-Germain, l'autre à Paris. » — « En ce cas, madame, lui répondit le maréchal, je voudrais être toujours à Nanterre. »

On ne peut douter non plus que Henri IV ne l'aimât aussi, puisque, pour donner aux habitans une marque de l'intérêt qu'il leur portait, il les affranchit de tout impôt, le 10 juillet 1598, privilége dont ils jouirent jusqu'en 1789.

La lettre suivante inédite, qui se rattache à mon sujet, écrite à la duchesse de Verneuil, prouvera qu'il y venait souvent :

« Mon cher cœur yls ont bien fayt le diable

---

dire *montagne*. En effet, ce village est situé sur la pente d'une montagne très-escarpée. Il n'est pas douteux que ce lieu ne soit très-ancien, puisque, dans des chartes de Childebert III, de 704, on voit que ce roi donna Aupec à l'abbaye de Saint-Vandrille en Normandie ; et les moines de cette abbaye en conservèrent la jouissance avec d'autant plus de soin, qu'ils y recueillaient tous les ans environ 350 muids de vin. Charles-le-Chauve confirma la donation de Childebert, en 845, etc.

vers ma fame, je vous voyrré demayn au matyn et vous conterré tout, je veus fayre des myenes, cest pourquoy je ne desyre pas, qu'an ce tamps là vous soyes ycy, afyn que l'on ne vous acuse de ryen. Je manvoys demayn a S¹ Germayn. Prepares vous à partyr demayn, car mardy je joueré mes jeus et vous voyrres si je suys le mettre. Je te donne le bon soyr mes cheres amours et un mylyon de besers.

H. »

En 1689, le roi Jacques II, ayant perdu sa couronne, se retira à Saint-Germain, où il fut accueilli avec la générosité qui caractérise les princes français. Il y mourut le 16 septembre 1702, et la reine son épouse, de la maison d'Est, y termina aussi sa carrière le 7 mai 1718.

Comme on vient de publier les Mémoires de ce roi, et que je n'y ai point trouvé les quatre lettres autographes intéressantes qui me sont tombées entre les mains, je crois devoir les présenter ici :

Lettre de Marie d'Est, épouse de Jacques II, au duc de Vendôme.

« Mon cousin, les expressions obligeantes

de la lettre que vous mescrivez sur la mort de mon frere le duc de Modéne, correspondent parfaitement a l'opinion que j'ay toujours eu de l'affection aveq laquelle vous vous interessez en tout ce qui me touche; aussi devez vous croire qu'au milieu de mes douleurs mesmes, je suis tres sensible aux marques que vous me donnez de vostre compassion, et que je seray toujours aveq beaucoup d'estime, mon cousin, à S.t Germain en L'aye, le 27 octobre 1694.

» Vostre affectionée cousine,
» MARIA R. »

Lettres de Jacques II au duc de Vendôme.

« A S.t Germain ce 17 aoust 1697.

» Jamais les ordres du Roy n'ont esté mieux obeys ni avec plus de fermeté et de conduit que par vous, je vous prie d'estre bien persuadé que j'y prends autant de part que qui que ce soit en France, c'est le plus grand et le plus vigoreux siege, qui a esté fait de nos jours a tout prendre, fort glorieux pour vous comme auci pour les officiers généraux qui ont esté sous vos ordres, et pour les troupes qui y ont eu leur parts a un siege de cette nature, j'espère que le repos que vous aurez durant la treve vous rendera la santé tout à fait, et selon l'aveu qu'on a de l'estat des affaires d'apresent, il y a de l'aparance que vous serez en repos le rest de la campagne. Quand vous m'écrivez fait le sans seremonie, et soyez assuré que j'aurez toujours pour vous toute l'estime et amitié que vous avez raison d'attendre de moy.

» Jacques R.

« La Reyne me prie de vous assurer qu'elle prend plus de part que personne au bon succès que vous venez d'avoir. »

AU MÊME.

« De S¹ Germain ce 29 décembre 1701.

» Mon cousin, j'ay reçüe ce matin vostre lettre du 12, où vous me rendés bien justice de croire que les nouvelles d'Espagne me feroient plaisir, car il m'en ont fait un tres sensible, par rapport aux deux Roys dont les interests me sont autant à cœur que les miens propres; et outre cela en particulier, par rapport à la gloire que vous avez eü, de remettre si subitement les affaires d'Espagne qu'on croyoit presque perdües avant vostre arrivée. Je suis ravi que vous estes content du comte Mahony, et d'apprendre que les autres Irlandois ont bien fait leur devoir; quoique j'aye la consolation de voir qu'ils le font bien partout, je suis cependant persuadé, que la confiance qu'ils ont en vous, et de se voir sous vostre conduitte, n'y aura pas peu contribué dans ces dernières occasions; je suis tres sensible des bontés que vous avez pour eux, et ose repondre qu'ils ne s'en rendront jamais indignes. La Reyne me charge de vous faire mille compliments, et de vous assurer que la part que vous avez eüe dans les derniers événements luy a fait un sensible plaisir; M. de Zuneja nous a rendu conte à l'une et à l'autre, de tout ce qui s'y est passé, et il me semble qu'on peut raisonnablement espérer de voir bientost le roy d'Espagne en paisible possession de ses royaumes, au moins je le souhaitte de tout mon cœur, et que vous ayes l'avantage d'achever vous mesmes ce que vous aves mis en si bon train. Si je n'avois pas esté un peu incommodé ces jours passés, je vous aurois escrit plustôt, car quoiqu'il y a longtemps que je ne vous aye vü, je ne m'intéresse pas moins dans tout ce qui vous regarde, n'y ne pourra jamais oublier l'amitié que vous m'avés toujours tesmoigné. Soyez, je vous prie, bien persuadé de la mienne et que je serés toujours,

» Vostre affectionné cousin,

» JACQUES R.

» Puisque vous m'aves escript en cérémonie, je vous ay répondü de mesme, mais je vous prie de retrancher cela une autre fois, car je seres ravi d'avoir quelquefois de vos nouvelles, et suis trop persuadé de vos sentimens à mon égard, pour que les complimens soient nécessaires. »

Lettre de Marie d'Est au même.

« Ce 15ᵉ septembre 1703.

» Mon cousin, je suis si persuadée de vostre amitié pour moi, et de l'inclination que vous avez à faire plaisir à tout le monde quand cela despend de vous, que je ne puis m'empescher de vous escrire un mot en faveur de ce pauvre malheureus pays, où je suis née, et ou vous vous trouvez à présent à la teste des armées du Roy.

» Le gouverneur de Modène, et les autres

qui gouvernent avec lui en l'absence de leur maistre, ont députe icy un home pour exposer aus ministres du Roi le triste estat dans lequel se trouve cette pauvre ville et tout leur pays, je n'ay pas pu obtenir que l'on ait voulu seulement l'escouter, mais on m'a respondu que ces affaires ne pouvaient aucunement se traiter icy, et que le Roy en laissoit le soin à ses generaus, qui avec ses intendents devoient en décider sur les lieux, et que par conséquent cet home avoit fait un voyage inutile; c'est pourquoi je m'addresse à vous, pour vous prier avec toutte l'instance possible, que vous vouliés bien favoriser ces pauvres peuples en les soulageant autant que vous le pourrés sans faire le moindre tort aus affaires et aus interests du Roy, qui me sont aussy a cœur que les miens propres, et que ie prefere à tout autre sur la terre; M. l'intendent Boucha peut, à ce que l'on m'assure, rendre lui mesme tesmoignage de la bone volonté de ses pauvres gens pour les François, ausquels ils sont prets de doner tout ce qu'ils ont, mais ils ne peuvent pas doner au-delà, et c'est ce qu'ils prétendent que l'on leur demande; enfin, mon cousin, j'abandone cette affaire entre vos mains justes et charitables, que je suis persuadée voudront bien sauver ce pauvre pays, si cela se peut sans faire le moindre préjudice aux service du Roy, car je le repete encore je ne le demande pas, ni ne le souhaitterois jamais à ce pris là ! je vous prie bien d'estre persuadé que j'ay pour vous toutte l'estime et toutte l'amitié, que vous merités de

« Vostre affectionnée cousine,

» Maria R. »

Fier d'avoir visité l'asile
Des plus illustres de nos Rois,
J'en sors, et, traversant la ville,
Bientôt j'arrive dans le bois.
D'abord, je trouve un militaire,
Que décorait la croix d'honneur,
Entretenant une bergère,
De ses combats, de sa valeur.
Car son âge me porte à croire
Que de l'amour la vive ardeur
Existe plus dans sa mémoire
Qu'elle ne règne dans son cœur.
Mais, l'amitié par sa douceur
Remplaçant la saison de plaire,
Peut-être du départ du frère
Il se console avec la sœur.

Plus loin, vers des routes secrètes,
Je rencontre sur mon chemin
Un homme lisant des tablettes :
J'approche, il se tourne, et soudain
Je reconnais un des poëtes
Qui jadis chanta tour-à-tour
Et nos exploits, et nos conquêtes,
Et les conquêtes de l'amour.
— Quel but, ô favori des Muses,
Vous a conduit en ce vallon ?
Ces lieux sont-ils votre Hélicon ?
— Tu me railles ou tu t'abuses.
Admirateur de Cicéron
Je fais comme fit ce grand homme :
Toujours il revoyait aux champs
Ses écrits composés à Rome ;
Et moi, je viens, tous les printemps,
A Saint-Germain, dans ces retraites,
Au sein des bocages fleuris,
Lire les pièces que j'ai faites
Dans le tourbillon de Paris (1).

---

(1) Cicéron possédait un grand nombre de belles maisons de campagne dans les différentes parties de l'Italie; quelques écrivains en comptent jusqu'à dix-huit. Celle près de la ville de Tusculum avait appartenu au dictateur Sylla; elle était située à quatre milles de Rome, sur le sommet d'une colline boisée, d'où la vue embrassait Rome et les campagnes voisines. Cicéron consacrait à l'étude et à la révision de ses ouvrages tout le temps qu'il passait dans cette délicieuse retraite ; *equidem credibile non est*, dit-il, dans une lettre à Atticus, lib. XIII, epist. 26, *quantum scribam die ; quin*

Respectant les occupations de cet homme, je le saluai, et je continuai ma route avec mon ami.

Les belles masses de verdure de la forêt, l'une des plus belles du royaume puisqu'elle a cinq mille sept cent quatorze arpens, me rappellent que les rois de la première et seconde races s'appliquèrent peu au gouvernement des forêts, précisément peut-être parce que la France en était alors remplie. Ce ne fut que sous Philippe-Auguste que l'on commença à en tirer parti. Philippe III, Charles V et Charles VI rendirent sans doute des ordonnances pour leur conservation, mais ce fut François Ier, qui surtout les regarda comme un précieux trésor pour l'Etat; aussi consacra-t-il tous ses moyens à leur entretien.

---

etiam noctibus: nihil enim somni. Il y revoyait les discours prononcés au *Forum* avant de les publier. Lorsque le redoublement de ses occupations littéraires l'avait disposé à souhaiter un asile encore plus paisible, il se retirait dans sa maison de campagne d'Antium ou dans celle d'Asture. Il avait dans la première une belle collection de livres; *libris me delecto, quorum habeo Antii festivam copiam.* Ad Attic. lib. xi, epist. 6. Asture était une petite île à l'embouchure d'une rivière du même nom, couverte d'un bois épais partagé par des allées sombres, où Cicéron passait les momens fâcheux et mélancoliques de sa vie.

En causant ainsi, nous arrivons au bout de la grande route où se trouve le joli château des Loges, enclavé dans la forêt, et qui doit son nom au mot latin du moyen âge *Logiæ*, qui signifie *habitation au milieu des bois*.

Le petit pavillon qu'on voit fut construit par ordre d'Anne d'Autriche, qui s'y rendait toutes les fois qu'elle allait à Saint-Germain (1).

Ce lieu, aussi célèbre par la foire qui s'y tient (2), que par les divers établissemens auxquels il servit a résisté aux destructions opérées par le vandalisme. En 1624, des ermites s'y établirent. Plus tard, c'est-à-dire en 1685, Louis XIII y plaça des Religieux, Augustins; et c'est ainsi qu'après avoir servi à d'autres établissemens de ce genre, une succursale de la maison royale d'Ecouen y fut établie dans la révolution. Enfin une ordonnance de mai 1816, en a subordonné l'organisation à la maison royale de Saint-Denis.

---

(1) C'est là que fut exilée madame Dubarry, pendant la dernière maladie de Louis XV.

(2) La foire a lieu le 1ᵉʳ dimanche qui suit le 30 août.

En montant dans le pavillon des Loges, on aperçoit parfaitement le village de Maisons, et surtout le château dû au génie de François Mansart, que fit bâtir René de Longueil, surintendant des finances. Il n'est pas douteux que ce ne soit un des plus beaux châteaux qu'on trouve dans les environs de Paris. Trois superbes avenues disposées en croix, conduisent dans ce lieu isolé, situé dans la position la plus avantageuse. On ne peut mieux donner l'idée de ce château qu'en rappelant que Voltaire, qui y eut la petite vérole, feint, dans son *Temple du Goût*, de faire allusion au château de Maisons, lorsqu'il s'exprime ainsi :

« Simple en était la noble architecture ;
Chaque ornement, à sa place arrêté
Y semblait mis par la nécessité :
L'art s'y cachait sous l'air de la nature ;
L'œil satisfait embrassait sa structure,
Jamais surpris et toujours enchanté. »

Parmi les hommes de mérite qui ont habité ce lieu depuis Voltaire, on doit remarquer Guillard, dont la gloire littéraire repose principalement sur son imitation d'*Œdipe à Colone*, le meilleur opéra moderne que nous ayons, et dont la musique répond heureusement au poëme, ce qui est fort rare.

Voici une lettre qu'il écrivit de ce lieu même à un de mes amis, et qui pourra servir à la biographie de cet écrivain, que les lettres perdirent le 26 décembre 1814.

« Maisons, ce 14 février 1811.

» Monsieur,

» Je travaille depuis 32 ans pour le théâtre de l'Académie impériale de musique. Quelques succès ont suivi mes efforts. J'ai composé avec Gluck *Iphigénie en Tauride*, qui fut donnée en 1779. J'ai depuis fait avec Sacchini, *Chimène*, *Dardanus*, *OEdipe à Colone*, *Arvire* et *Evelina*; avec le Moyne, *Electre*; avec Paësiello, *Proserpine*; et avec le Sueur, *la mort d'Adam*. Ainsi mon nom s'est lié avec celui des plus grands compositeurs de notre siècle.

» Quatre ans avant la révolution, le gouvernement avait chargé l'Académie de donner des prix annuels aux meilleurs poëmes lyriques. Dans les quatre concours qui eurent lieu, *OEdipe à Colone*, *Arvire* et *Evelina*, *Elfrida*, poëme non imprimé, furent couronnés successivement. *Oreste* obtint une mention honorable. Ce dernier ouvrage, également inédit, eut depuis sur tous les autres un avantage inappréciable, ce fut de fixer un moment l'attention de S. M., qui daigna l'honorer de son suffrage, et charger le célèbre Paësiello de le mettre en musique.

» Je ne suis plus jeune, et j'ai une famille à soutenir. Je n'ai pour fortune que le produit de mes ouvrages, qui se réduit à la faible rétribution de 66 francs par représentation, et un traitement annuel de trois mille francs, qui en fait partie. Encore en ai-je été privé pendant les sept années de nos troubles révolutionnaires. C'est un fait connu.

» Si l'on daignait prendre en considération les faibles services que j'ai pu rendre et les pertes que j'ai éprouvées, peut-être trouverait-on un moyen facile de dédommagement.

» Quelque puisse être le succès de ma démarche, je n'en serai pas moins pénétré de la plus vive reconnaissance pour l'intérêt que vous avez bien voulu témoigner prendre à moi. Je ferai des vœux pour vous. Ce sera en faire pour les lettres que vous aimez et que vous appréciez.

» Je suis avec un profond respect,

» Monsieur,

» Votre très-humble et très-obéissant serviteur,

» Guillard. »

Des Loges revenant sur nos pas, nous rentrons dans Saint-Germain, et nous nous arrêtons à la place d'Armes devant l'église, en face du château. Ce monument était si peu remarquable, que Louis XV conçut le projet d'en faire ériger un nouveau sur le même emplacement, et donna dans cette intention cent mille francs. Ne pouvant assister à la cérémonie de la pose de la première pierre, ce fut le duc de Noailles qui remplaça le monarque. Malheureusement pour la ville, à peine les six belles colonnes d'ordre toscan, qui devaient former le portail et soutenir le frontispice, furent élevées, que l'édifice en resta là. Je ne sais si les amis des arts n'auraient pas trouvé qu'il était trop près du château pour l'effet de la perspective.

Nous descendons la montagne de Saint-

Germain; et, traversant en sens inverse le port Marly par une fort belle route qui conduit à Versailles, nous trouvons Roquencourt, hameau d'où l'on découvre l'immense vallée dans laquelle sont situés Versailles et son parc, quoiqu'à trois-quarts de lieue.

Ce hameau tire son nom d'un seigneur nommé *Roccon*, qui était un des principaux personnages de la cour de Thiéry, en 678. Après lui les moines de l'abbaye de Saint-Denis en devinrent les seigneurs; et quoiqu'il y en eût de particuliers, tels que Barthélemi-le-Poilu, en 1120, les religieux néanmoins conservèrent toujours leurs droits.

Le joli château qu'on y voit, et d'où l'œil plonge sur celui de Versailles, appartint en 1783 à madame de Provence, qui, plus tard, ne le trouvant pas assez beau, le vendit à un certain M. Dubois, lequel à son tour le céda à M. Doumerc, qui le possède encore aujourd'hui. Le goût avec lequel il est bâti, sa belle situation, ses jardins, ses promenades et les bois dont il est environné, en rendraient le séjour plus agréable encore s'il y avait de l'eau.

Un peu plus bas, sur la gauche et moins

loin de Versailles, on aperçoit le Chesnay, petit hameau, ainsi nommé à cause de la grande quantité des chênes qu'on y voyait il y a neuf siècles environ. Aussi Valois n'hésite pas d'avancer que *Casn* signifiait, chez les Gaulois, la même chose que *quercus* en latin. L'on aurait donc fait de *Casn*, chaisne, dont le dérivé forme Chesnay.

Le *Pouillé parisien* du 13ᵉ siècle, qui marque que c'était au chapitre de Saint-Benoît qu'appartenait la nomination de la cure de Chesnay, le désigne par *Ecclesia de Chesneto*.

En 1683, Louis XIV acheta cette terre aux Bénédictins de Saint-Germain; et lorsque les écoles du Port-Royal eurent été détruites, une partie des maîtres se retira dans ce lieu chez Bernières, conseiller d'état, qui y possédait une fort belle maison. Le beau château qu'on y voit, entouré de jardins délicieux et de promenades toujours fraîches, rendent des plus agréables cette habitation, dont le propriétaire est M. Caruel.

Nous arrivons enfin à Versailles, qui n'était encore, au 16ᵉ siècle, qu'un lieu très-peu considérable. On croit que ce nom lui vient de *Versalæ* ou *Versaliæ*, à cause des moissons, dont les grains étaient souvent versés.

La plus ancienne charte ou il en soit fait mention, est de 1037, donnée par Odon, comte de Chartres, dans laquelle figure *Hugo de Versaliis*. Une seconde de 1065, une troisième de 1095, nous apprennent qu'il y avait déjà à cette époque une église desservie par des moines dépendans de Marmoutier. Un autre titre de 1275, fait mention d'un seigneur qui s'appelait *le chevalier Gilet*; et enfin, en 1561, de Martial de Loménie, compris en 1572, dans le massacre de la Saint-Barthélemy. Ce ne fut qu'en 1627 que Louis XIII acheta cette terre 20,000 écus, de Jean de Soisy, afin d'y faire bâtir un très-petit château pour ses chasses, ce qui commença à donner quelqu'importance à ce lieu, quoique le maréchal de Bassompierre l'appelât *le château chétif de Versailles*. En 1662, Louis XIV le prit en affection et conçut le projet d'y élever un nouveau château, en respectant toutefois l'ouvrage de son père. Ce fut alors que les faiseurs d'anagrammes s'aperçurent qu'en retournant le nom, on y trouvait : *Villeseras*.

J. H. Mansart, le Nôtre et Lebrun, premiers artistes du siècle, sont appelés par le monarque. Mansart est chargé du plan du château, le Nôtre, du dessin des jardins, et Lebrun, des peintures (1). Aussitôt les courtisans, suivant l'exemple du grand écuyer *Cinq-Mars*, pour mieux faire leur cour au roi, font bâtir des hôtels, des maisons, etc.

A peine le Nôtre a-t-il tracé ses idées sur ce terrain ingrat, qu'il engage Louis XIV à venir sur les lieux pour juger de la distribution des principales parties. Il commence par les deux pièces d'eau qui sont sur la terrasse au pied du château; ensuite, il explique son dessin pour la double rampe, etc., etc. Le roi, à chaque grande pièce, dont le Nôtre lui marque la position et décrit les beautés, l'interrompt en lui disant : « Le Nôtre, je vous donne vingt mille francs. » A la quatrième interruption, cet artiste, aussi désintéressé que Louis se mon-

_____

(1) On lit dans un mémoire manuscrit de l'origine de l'Académie de peinture, de sculpture et d'architecture, que lorsque Lebrun entreprit les peintures de Versailles, il demanda à Colbert quelque homme de lettres, pour consulter sur ses dessins et lui fournir les lumières dont il aurait besoin, et que ce fut l'abbé Tallemant qui fut choisi.

trait libéral, dit au roi, d'un ton assez brusque : « Sire, Votre Majesté n'en saura pas davantage, je la ruinerais (1).

Le monarque repart pour Saint-Germain. Plusieurs années s'écoulent. Plus de 180 millions sont employés pour édifier, dans un désert de vingt lieues de circonférence, le plus beau palais du monde, et les plus beaux jardins de l'Europe (2). Versailles se trouvant bâti, comme par enchantement, Louis arrive..........

D'obéissantes eaux, de Marly descendues,
En colonnes d'azur s'élancent dans les nues.
Là, le bronze et le marbre, animés à grands frais,
Qu'un treillis de verdure ou qu'un lac emprisonne,
Lui retracent Vénus, Mars, Cérès et Pomone.
Plus loin, sont des bergers sous des bocages frais,
Peuple silencieux d'une grotte champêtre,
Que Puget, Girardon, Coyzevox ont fait naître.
Des bosquets enchanteurs, des myrtes toujours verts,
Lui laissent parcourir mille sentiers divers ;
Et le dieu des Beaux-arts, sortant du sein de l'onde

---

(1) Voyez la Galerie de l'ancienne Cour.
(2) Il n'est pas douteux que ce lieu, avant la construction du château, ne fût très-malsain, d'après ce que rapporte madame de Sévigné, qui assure que, durant les travaux, on emportait toutes les nuits des chariots pleins d'ouvriers morts. (Lettre 652ᵉ, édition de Blaise.)

Sur un char, entraîné par des coursiers fougueux,
Du plus grand de nos Rois éblouissant les yeux,
Lui montre en ce palais la merveille du monde.
Saint-Germain, jusqu'alors asile de la Cour,
Voit Louis délaisser son antique séjour.
Le superbe Versaille obtient la préférence (1).
Là, se trouve assemblé tout ce qu'on voit en France
D'illustre, de brillant et d'aimable à la fois,
Racine, Bossuet, Colbert, Boileau, Louvois,
Y portent tour-à-tour les fruits de leur génie.
La douce la Vallière, au trop sensible cœur,
Qu'amour fit pénitente au printemps de la vie,
Pour la première fois y trouve son vainqueur.
N'écoutant que l'orgueil qui la guide et l'enflamme,
La fière Montespan, oubliant son devoir,
Sans connaître l'amour usurpant son pouvoir,
Au prince fait sentir qu'elle règne en son âme.
Maintenon, tu brillas dans un rang bien plus haut,
Toi dont le cœur pieux, innocent et modeste,
Des beautés de la cour éclipsant tout le reste,
Méritas le surnom de *vertu sans défaut* (2).
On te vit rapprocher le Roi de son épouse ;
Et ce fut quand la mort, de leur bonheur jalouse,

---

(1) En 1672 il y transporta sa cour, et ce ne fut qu'en 1713 que Louis XIV lui donna le titre de ville. On lit dans les Mémoires de cette cour, qu'une jeune dame visitant le château de Versailles pendant l'absence du Roi, quelqu'un lui faisant observer que ce palais était un lieu enchanté : oui, répondit-elle, mais il faut que l'enchanteur y soit.

(2) Voyez la VIe lettre de Boileau à Racine, édition stéréotype de Mame.

A la Reine eut ouvert les portes du tombeau,
Que l'amour, réparant les rigueurs de la Parque,
Et d'un hymen secret rallumant le flambeau,
Te vit passer enfin dans les bras du Monarque (1).

Les événemens du 5 et 6 octobre 1789, vinrent ôter au palais de Versailles son ancienne splendeur; et, depuis cette époque, ce séjour a perdu de ses charmes.

Après avoir visité l'intérieur des appartemens, qui ne sont point encore remeublés, nous descendons dans le parc qui, avec ses environs, présentent les points de vue les plus pittoresques et les plus riches détails. Des sites, tour à tour sévères ou gracieux, majestueux ou champêtres, s'offrent à l'œil du paysagiste. Aussi la plupart des artistes viennent-ils y passer l'automne, saison propre aux études du paysage. S'il reste quelque regret à l'ami des beaux-arts, ce ne peut être que celui de n'y point trouver les statues de le Nôtre, de Mansart (2) et de Lebrun,

---

(1) Par le conseil du Père de la Chaise, Louis XIV épousa secrètement madame de Maintenon, en 1686.

(2) Coysevox avait élevé à Mansart un monument dans l'église de Saint-Paul, à Paris, que des mains sacriléges voulurent détruire à l'époque où la France fut couverte d'échafauds.

qui, par leur sublime génie, ont fait de ce palais un lieu enchanteur.

Pour nous reposer un peu de nos courses, nous nous asseyons, mon ami et moi, près d'un groupe de dames, de demoiselles et de jeunes officiers qui partagent leur temps entre leurs devoirs et leurs plaisirs. Nous écoutons, et, d'après leurs discours, nous concluons que les dames y sont indulgentes, sans médisance, les demoiselles fort modestes et les cavaliers très-galans. Sais-tu, dit mon ami, que ce séjour est encore agréable, puisqu'il ne se passe point de semaine où l'on ne compte au moins deux bals. Ces plaisirs, joints aux souvenirs qui se rattachent à Versailles, y attirent tous les Etrangers qui visitent la capitale; car personne n'ignore que cette ville a produit un nombre considérable de personnages célèbres, tels que Pélisson, ami de Fouquet; Charles-Michel de l'Epée, apôtre de l'humanité, fondateur de l'institution des Sourds-Muets, dont le mérite et la vertu, loin d'être descendus avec lui dans la nuit du tombeau, resteront impérissables (1). Ducis enfin, qui

---

(1) Duvivier, connu par ses travaux dans l'art de la gra-

mourut au même âge que l'homme étonnant dont il fut le successeur à l'Académie fran-

vure sur métaux, ayant exécuté une médaille du célèbre abbé de l'Epée, l'offrit au Gouvernement en 1801, pour servir de prix aux élèves de l'Institution des Sourds-Muets. On ne sera peut-être point fâché de trouver ici une lettre que M. l'abbé Sicard écrivit à l'artiste en cette occasion :

« Paris.

» *Au citoyen Duvivier, graveur de médailles.*

» J'ai reçu avec une vive satisfaction et une grande reconnaissance, citoyen, le précieux cadeau de votre talent et de votre génie; et il ne tiendra pas à moi que cette médaille frappée en l'honneur de mon illustre maître (l'abbé de l'Epée), ne soit consacrée à devenir un prix d'émulation et d'encouragement pour les élèves, dont on se propose de récompenser tous les trois mois les efforts et les progrès dans l'instruction et dans les travaux mécaniques, et dans la bonne conduite.

» Le célèbre philantrope dont vous avez immortalisé les traits, revit dans ce chef-d'œuvre de votre burin, comme dans le souvenir de toutes les âmes sensibles. Il ne manquera rien ni à sa gloire, ni à la vôtre, si cette précieuse médaille reçoit d'un ministre, ami des arts et de ceux qui les cultivent avec autant de succès que vous, la destination si touchante dont je forme le vœu.

» Je vous salue avec estime;

» Sicard. »

On doit regretter que l'intention honorable de l'artiste et le vœu du directeur des Sourds-Muets soient restés sans succès.

çaise, Ducis qui, la première fois qu'il fut présenté à Louis XVIII, également né dans ce lieu, s'entendit dire par Sa Majesté, qui avait à ses côtés S. A. R. Madame :

« Oui, tu seras un jour chez la race nouvelle,
De l'amour filial le plus parfait modèle ;
Tant qu'il existera des pères malheureux,
Ton nom consolateur sera sacré pour eux. »

Sans doute il était impossible de citer plus à propos, comme l'a fort bien dit un journaliste « et d'une manière plus flatteuse pour le poëte, qui, ne croyant faire que de beaux vers, avait, sans le prévoir, fait une prophétie. »

De tous les amis qu'avait Ducis, parmi lesquels on remarquait Thomas, Florian, Collin-d'Harleville et M. Andrieux, il ne reste plus que ce dernier, à l'amitié duquel je dois une lettre que lui écrivit l'auteur d'*Hamlet*, et que je m'empresse de présenter à mon lecteur (1).

« A Versailles le 7 janvier 1806.

» Mon cher ami, mon premier remerci-

---

(1) L'auteur a cru ne devoir point s'étendre sur les monumens de Versailles, attendu qu'il en existe plusieurs descriptions.

ment bien sincère, c'est, non pas d'avoir bien voulu lire attentivement les bagatelles ou sottises pastorales que j'ai soumises à votre goût, mais de m'avoir dit tout naturellement, franchement: il est bon à mettre au cabinet. Mais il faut aussi que je fasse ma confession avec franchise.

» Croiriez-vous, mon cher confrère, que j'ai été véritablement dépité d'avoir manqué ma romance, et de l'avoir manquée en deux façons ? Enfin, je les ai retouchées avec soin toutes les deux, mais aimant toujours mieux la première, dont le sujet est d'Ossian. Je vous les envoye dans ce paquet. Vous trouverez que je n'ai point épargné les couplets. Vous m'obligerez donc, mon cher ami, de les lire encore une fois avec intérêt; et si, de tant de couplets, en les transposant, en y changeant, en en retranchant, en les corrigeant, élagant, etc., vous trouvez le moyen de faire de ma romance, selon Ossian, quelque chose qui vous plaise, et vous paraisse digne de quelque succès; alors, vous serez le maître de mettre la susdite romance dans la *Décade*, avec ou sans la musique de Grétry, après lui en avoir demandé la permission. Il est bien malheureux qu'un air aussi tendre, aussi mélancolique, d'un aussi grand maître, se soit trouvé avec de pauvres paroles, et en si mauvaise compagnie.

» Si vous croyez que l'examen de mes sotises champêtres puissent amuser Collin un moment, vous pouvez les lui confier; il serait très-propre à ce genre de poësie par sa douceur, sa délicatesse et sa naïveté spirituelle, et qui sait si, avec vous, il ne raccommoderait pas avec succès ma romance, ou fayence cassée.

» Mais voici un article plus sérieux. Vous êtes donc très-content, mon cher ami, de ma dédicace d'Hamlet à la mémoire de mon père? Vous avez senti vos larmes couler à la première lecture. Je n'en suis point étonné. Nous sommes des enfans de bourgeois, de ces honnêtes plébéyens, pour qui il y a encore des familles. C'est bien du fond de mon cœur que je dis avec Egiste :

« Je n'aurais point aux Dieux demandé d'autre père. »

» Je trouve que vous avez raison de supprimer quelques lignes au commencement. Il faut que cette dédicace ne soit qu'un soupir profond, sorti d'un cœur filial. J'ai fait disparaître les *fût* trop voisins et trop multipliés. J'ai surtout soulagé la fin du morceau, la dernière phrase, de tout ce qui pouvait la charger et la ralentir. Vous en jugerez, mon cher ami; et je vous prie, surtout, pour cette dédicace, de n'y laisser rien qui appelle la plus petite critique.

» La rigueur de la saison, mon cher confrère, me retient auprès de mes tisons. Mes maux de gorge, qui ont été si sérieux l'année passée, me menacent encore. L'air froid et humide les rappelle. La délicatesse de cet organe, s'est augmentée par les rechutes, et m'oblige à des précautions qui ne sont malheureusement que trop nécessaires. Je ne peux pas dîner chez quelques amis. On tire des gâteaux à la fève, et je n'y suis pas.

» Si, chemin faisant, dans vos lectures, dans vos souvenirs, par le bénéfice des occasions, vous pouviez m'indiquer un sujet de poëme, neuf, intéressant, pathétique, aimable, pastoral, patriarcal, sans héros, je ne les aime point du tout, vous me feriez, mon cher ami, un très-grand plaisir. Il faut que ma tête et que mon cœur soient en mouvement, mais de cette unique manière; je ne veux plus me jouer à la vérité.

» Comme nous conservons volontiers les

anciens usages populaires, je ne veux point laisser passer ce commencement de l'année sans la souhaiter bonne et heureuse à vous, à la tendre mère, à l'excellente femme, à la bonne sœur et à toute la petite nichée, dont je vois les becs s'ouvrir et les ailes s'agiter sur les bords du panier. Bon jour, mon cher ami. Vous voyez comme j'en use avec vous. *Nil ego contulerim jucendo sanus amico. Vale et redama.*

» *Tuus* Ducis.

» Mes complimens à notre bon confrère Collin. Qu'il a bien fait de revenir à Paris! Je lui fais les mêmes exhortations que vous pour sa santé.

» Je joins ici l'ancien manuscrit de la dédicace, et le nouveau. »

Nous poursuivons notre voyage; et, descendant le parc, nous trouvons sur la droite le grand Trianon (1), qui successivement fut occupé par plusieurs monarques.

---

(1) Appelé au 13ᵉ siècle *Triarnum*, nom d'une ancienne paroisse, qui était divisée en trois villages dépendant du diocèse de Chartres. Cette terre, qui appartenait aux moines de Sainte-Geneviève, fut achetée par Louis XIV pour agran-

Il est difficile d'exprimer les diverses sensations qu'éprouve le voyageur à la vue de ce château, aussi élégant que magnifique, qu'on ne peut se lasser d'admirer, et qui suffirait pour prouver le génie de J. H. Mansart (1).

Deux ailes, terminées par deux pavillons, sont unies par un péristyle, formé de colonnes ioniques de marbre de Languedoc; à l'exception de celles qui se trouvent sur la cour, qui sont de marbre vert de Campan. Sur l'entablement de ce palais est une balustrade chargée de vases, qui produisent un effet merveilleux et magique.

La galerie et la salle de billard sont ornées de vues des jardins de Versailles. La statue de l'Amour, de Chaudet, dont toutes les parties sont rendues avec beaucoup de sentiment, se trouve placée dans la galerie, et a pour pendant l'Hyacinthe de M. Bosio, figure pleine d'innocence, et dont les extrémités, la chevelure tombant en anneaux

---

dir le parc de Versailles, et plus tard il y fit construire le château.

(1) Il fut élevé d'après les dessins de J. H. Mansart, par Robert de Cotte.

sur le cou et le torse, ne laissent rien à désirer.

J'ai beaucoup connu Chaudet, qui était plein des grâces d'Anacréon, me dit mon ami. Sachant que je cultivais la littérature grecque, il venait me voir souvent, quoiqu'il fût d'une santé délicate. J'ai même, dans mon porte-feuille, une lettre qu'il m'écrivit le 22 décembre 1801, pour me demander, si le choix du sujet qu'il voulait traiter, plairait. Lisons-la, puisque nous sommes en présence de l'ouvrage dont il parle.

« Une indisposition, qui me retient chez moi, me prive du plaisir de vous aller voir aujourd'hui, comme je m'en étais flatté. Je vous prie de vouloir bien recevoir par écrit ce que j'espérais vous dire de vive voix.

» Le sujet, que je me propose de traiter, serait une statue de grandeur naturelle, représentant l'Amour, qui, d'une main, présenterait des fleurs à un papillon, et de l'autre serait prêt à s'en saisir.

Cette espièglerie, considérée matériellement, me paraît conforme au caractère que les Anciens ont donné à l'Amour; et, prise moralement, cette idée me paraît offrir l'emblème des jouissances dont l'Amour flatte l'âme pour s'en emparer.

» Pour donner à cette statue l'ensemble qui lui convient, le socle serait orné de divers sujets, bas-reliefs emblématiques des victoires de l'Amour sur l'âme, et de celles de l'âme sur l'Amour. Je m'occuperai avec soin des bas-reliefs qui orneraient le socle.

» On a malheureusement attaché, depuis très-long-temps, trop peu d'importance à ce genre, que les artistes de l'antiquité et les Jean Goujon n'ont pas dédaigné. Ils nous ont laissé de beaux modèles, que je consulterai; et si mes faibles moyens ne me laissent pas l'espoir de les atteindre, au moins est-il certain que le monument y gagnera sous les rapports de l'ensemble.

» Ce sujet a l'avantage, pour mon étude, d'être tout-à-fait étranger aux sujets que j'ai traités jusqu'à ce jour; ensuite c'est une divinité, ce qui nécessite l'étude de la perfection des formes, sans lesquelles il ne peut y avoir de bonnes statues.

» C'est votre avis que je réclame : mes idées se soumettront entièrement aux vôtres. »

» CHAUDET. (1) »

La mort ayant enlevé Chaudet aux arts, la statue de l'Amour, qui est digne des beaux siècles de la Grèce, a été terminée sous la direction de M. Cartelier, statuaire très-distingué et plein d'indulgence envers ses confrères; ce qui est fort rare parmi les

---

(1) Voici une petite anecdote inédite, qui m'a paru trop bizarre pour ne pas être rapportée :

En l'an . . . Chaudet exposa au salon un modèle en plâtre de grandeur naturelle, représentant le jeune Cyparisse. Cette figure fut distinguée par l'Institut et mérita un premier prix d'encouragement à son auteur. Chaudet, toujours modeste et toujours amant de son art, regardait cet ouvrage comme très-imparfait. Il pensait que, par de nouvelles études sur l'exécution en marbre, il parviendrait à donner à la France une belle statue sur laquelle il fondait sa gloire. Il fit des démarches pour parvenir à ce but. Ses moyens pécuniaires ne lui permettant pas d'acheter du marbre, il en sollicita. Des gens puissans alors s'opposèrent à ce qu'on lui en accordât, en disant : *Le sujet de cette statue, n'ayant aucun rapport avec l'esprit républicain qu'il est essentiel d'introduire dans les beaux-arts, on a le regret de ne pouvoir accueillir ce projet.*

Heureusement pour les arts, ces mêmes personnes furent plus tard rappelées à la raison, et la France compta dans son sein un chef-d'œuvre de plus.

artistes. Mais, tant il est vrai que, plus on a de talent, plus on sent la difficulté d'en acquérir. C'est par cette raison-là même qu'on est peut-être plus indulgent.

De la galerie passant au péristyle, et du péristyle descendant dans les jardins, qui, primitivement, furent plantés par le Nôtre, puis distribués sur un nouveau plan de l'architecte le Roy, en 1776; nous jouissons d'abord d'un parterre de fleurs orné de deux bassins, au milieu desquels Girardon a sculpté de petits groupes d'enfans.

Plus loin, la salle de verdure, dite *des deux Vases*, parce qu'en effet on en voit deux, offre des bas-reliefs sculptés par le même artiste, dont la composition, le fini et la délicatesse font admirer le ciseau et le génie de son auteur. Enfin, la multitude infinie de fleurs de toute espèce, les bosquets, que des morceaux de sculpture décorent, et les cascades, font de ce lieu un jardin vraiment enchanteur.

A l'une des extrémités du parc, nous trouvons le petit Trianon, pavillon à la romaine, d'une forme carrée, tout décoré de pilastres et de colonnes cannelées d'ordre corinthien et couvert d'une balustrade.

Ce fut Louis XV qui (1), se plaisant au grand Trianon, fit construire le petit, pour s'isoler encore davantage. Le goût le plus délicat présida à la confection de ce séjour de féerie, exécuté sur les dessins de Gabriel et enrichi d'ornemens de sculpture, par Guibert.

C'est ici que les jardins y sont réellement délicieux. On les distingue en jardins français et anglais. Dans ce dernier se trouve un temple à l'Amour, de forme octogone, offrant quatre entrées. De l'une, on aperçoit une colline couverte d'arbres toujours verts. Plus loin, des rochers d'où sortaient en gros bouillons des napes d'eau qui allaient se perdre dans un lac; et, d'un autre côté, les sites les plus variés sont si heureusement imaginés, que l'art ne le cède en rien à la nature.

Ce petit palais, où la richesse fut employée par le goût, fut donné par Louis XVI à Marie-Antoinette. C'est là que cette princesse, dont la simplicité faisait le premier ornement, préférant la nature au luxe des arts,

---

(1) On croit que ce fut dans ce château qu'il commença à être atteint de la maladie dont il mourut en 1774.

venait se délasser du fracas et du fardeau de la Cour. Ce fut elle qui embellit le parc et principalement les jardins, en complétant toutes les collections végétales que Louis XV avait commencées, d'après l'inspiration d'un capitaine de ses gardes, qui était passionné pour la botanique, et dont le premier directeur fut l'illustre Bernard de Jussieu.

Ce jardin ayant pris le nom de *Jardin de la Reine*, inspira les deux vers suivans au Virgile français :

« Semblable à son auguste et jeune déité,
Trianon joint la grâce avec la majesté. »

Mais, hélas ! privé de la plus modeste comme de la plus infortunée des princesses, ce lieu de délices eut le même sort, que tant d'autres, et fut dévasté durant la révolution.

Mais quoique le dieu des beaux-arts,
Pour réparer de tels outrages,
Ait à sa voix, de toutes parts
Enfanté de nouveaux ouvrages;
Et quoiqu'aux portes du cercueil
Où si long-temps languit la France,
Elle ait quitté son triste deuil
Aux doux accens de l'espérance;

Trianon, tes bois sont déserts.
Les oiseaux fuyant tes ombrages,
N'enchantent plus de leurs concerts
Ni ton palais ni tes bocages :
Tes grottes sombres, tes vallons
Qui, jadis favoris de Flore
S'enrichissaient de tous les dons
Que ses mains y faisaient éclore;
Tes sentiers, connus des amours,
Ton fleuve, autrefois si rapide,
Avare aujourd'hui de son cours,
Nous refuse son eau limpide :
Enfin, ces lieux, privés d'attraits,
Témoignant leur douleur muette,
Semblent au Ciel, par leurs regrets,
Redemander leur ANTOINETTE.

Au moment de sortir, je demande au gardien de Trianon, quel chemin je dois prendre pour aller au château de Clagny. Monsieur, me dit-il, il y a long-temps qu'il est détruit; il n'en reste pas même de vestiges. C'est un hameau aujourd'hui, ou, si l'on veut, un faubourg de Versailles. Je sais, reprend mon ami, qu'au 16e siècle, il avait pour seigneur Pierre Lescot, célèbre architecte de Catherine de Médicis, qui fit construire quelques bâtimens sur ce terrain. En 1634, il appartenait à l'hospice des Incurables de Paris, auquel l'acheta Louis XIV, qui y fit élever, en 1676, pour madame de Montespan, un superbe château par J. H. Mansart, où il donna les plus grandes preuves de la beauté de son génie. Ce château étant détruit, nous n'eûmes rien de mieux à faire que de lire ce qu'en dit madame de Sévigné, dans sa lettre du 7 août 1675 :

« Nous fûmes à Clagny ; que vous dirai-je ? c'est le palais d'Armide. Le bâtiment s'élève à vue d'œil. Les jardins sont faits. Vous connoissez la manière de le Nostre. Il a laissé un petit bois sombre qui fait fort bien. Il y a un bois entier d'orangers dans de grandes caisses ; on s'y promène ; ce sont des allées où l'on est à l'ombre ; et pour cacher les caisses, il y a des deux côtés des palissades à hauteur d'appui, toutes fleuries de tubéreuses, de roses, de jasmins, d'œillets ; c'est assurément la plus belle, la plus surprenante et la plus enchantée nouveauté qui se puisse imaginer : on aime fort ce bois. »

On avait cru que c'était madame de Montespan qui en avait conçu et fait exécuter le projet.

La pièce autographe et inédite suivante,

de l'architecte qui en dirigea les travaux, adressée à Colbert, éclaircira toute incertitude à cet égard :

« A Clagny ce 10ᵉ septembre 1677

» Monseigneur

» Je croy que vous trouverez bon que je prene la liberté de vous et crire, pour vous jmforme de letat du batiment de Clagny; vous scaures Monseigneur, que tous les talieurs de piere ont tous quite le batiment, et il ny a na pas un seulle qui travaille depuis lundy e midy, fondant leur revolte sur ce qui dise que lon leur doit quatre semaine, et quapesolument il ne travaleront pas quil ne soit peié, ce qui cose un gran desordre dans le batiment, dont jay cru vous devoir doner avis. Je me sert ausy de cet aucasion, Monseigneur pour vous temoynier lextreme deplesir que jay eu de ne mestre pas trouve a Clagny lorse quil vous a plu I venir pour I regler les modelle des corniche que jans faict faire avect bocoup de soins. Monsieur Breau mavoit promy de me faire lamitie de mavertir apres lan avoir ex-tremement prie lorsce quil sauroit que vous I vinderie jstes a Paris alorce et me portoit bocoup mieux que je naves faict la fievre maiant quite quo javes eu onse jours duran mes y sy jusce ctte averty, je comansoit a avoir asse de force pour aler a Clagny vous expliquer tout ce que javes faict et vous faire voir ausy le modelle de la galleris de Clagny dan tout sa parfecttion et avec le changement que vous mavie ordoné di faire, et petestre aurege eu le boneur de vous plere en quelque chause qui est le seul bin ou jasepire. Sy je ne crenies pas vous Jmportuner trop en vous et crivent unne trop grande letre, Monseigneur je ne manqueres pas de vous faire conoitre la douleur que je resan dan la creinte que jay de vous de plere en qulque chause, et sy jetes asse maleureux que ce la fut, je vous suplis Monseigneur de me le vouloir dire, affein que je me corige, et que par la suite je puice meriter que vous me regardie favorablement, Je ne vous romperay poins la teste Monseigneur des soins que je prand a Clagny mes je vous diroy seulement que gi suis au moins trois ou quatre jours la semeinne; lon travaille a tout les corniche quil vous a plu de regler lon pose la menuiscris dan le bastiment de sele de la galeris, la corniche de ladit galeris est presque au trois quar faite, jay donc depuis peut le reste de tous les mesure pour les quabines de marbre que vous faite faire dans le parque de Verssaille au cabinet de la Renomée insy que vous me lave comande; pardone sy vous ples, Monseigneur a la liberte que je prand de vous et crire, mes ce nest que par la passion que jay de vous assurer avec un profond respect combin je suis, tres humblement

» Monseigneur,

» Vostre tres heumble tres obeisant et tres affecttioné et soumy serviteur

» Mansart. »

A la mort de madame de Montespan, ce château passa au duc du Maine son fils, et puis au comte d'Eu son petit-fils.

Voici une lettre du duc du Maine, datée de ce château et écrite au duc de Vendôme :

« Ce 8 octobre 1694.

» Comme je ne doute point, Monsieur, de la sincérité de l'amitié que vous avez pour moi, je croi devoir vous rendre compte

À Clagny ce 10 septembre 1677

Monseigneur

Je croy que vous trouverez bon que Je prene La liberté de vous escrire, pour vous Informer de letat du batiment de Clagny; vous scaurez Monseigneur, que touts les tailleurs de pierre ont tous quité le batiment, et Il n'y en a pas Un seulle qui travaille depuis Leundy a midy; Soûtenant leur reveste sur ce qu'ils disent Leur seur doit quatre semaines, et qu'absolument Il ne travaillerent pas quil ne soit paié, ce qui cose Un grand desordre dans le batiment, don J'ay cru vous devoir doner avis, Je me servirai aussy de cet occasion, Monseigneur pour vous temoygner l'extreme de plesir que J'ay eu de ne mesure pas trouver a Sagny Louvois, quil vous a plû J'uenir pour J'regler les modelle des Corniche que J'aura fait faire avect bocoup de soin, Monsieur Bruau m'auoit promy de me faire L'amitie de m'auertir a pres l'en auoir extremement prie Louvois quil Sauroit que vous J'tinderie Je retourna Paris a Louvois et me portoit bocoup miâux que le nous Sair la fieure mesiant quite que J'auoit eu unse Jours duuan mes; J'y Susie ette auerty, Je comansoit a auoir utile de lore pour aler a Clagny Vous expliquer tout ce que J'auoit fait et vous faire Voir aussy le modelle de la gallerie de Clagny dautour sa persection et aussi le changement que vous m'avie ordoné ditaire, et pe*ut*etre auraye eu le boneur de vous plere en quelque chause qui est le seul bien ou jaspire. sy je ne craigne pas vous Importuner trop en vous ecrivant enne trop grande le tes, Monseigneur Je ne manqueray pas de vous faire conoitre la douleur que Jay de ne dans la crein de vous de plere en qulque chause, et sy Je res asse maleureux que cela fut, Je vous suplie Monseigneur de me le vouloir dire, affein que Je me corige, et que par la suitte Je puise merit que vous me regardie favorablement, Je ne vous romperay point la teste Monseigneur des soins que Je prand a clagny mes Je vous diray seulement que gisuis au moins trois ou quatre Jours la semainne; L'on travaille a tous les cornes quil vous a plu de regler. Lon pose la menuiserie dan Le Bastiment de le lé de la galerie. La corniche de la dit galerie est presque au trois quar faite, J'ay done depuis peu le ver*s*e de tous les mesure pour les quabines de Marbe que vous faites faire dan le parque de Versaille au Cabinet de la Renomée insy que vous me l'ave Comande. Pardone sy vous plé, Monseigneur a la liberte que Je prand de vous ecrire, mes c'enes que par la passion que J'ay de vous asures a cet En profond respect Combien Je suis, tres heumblememe

Monseigneur,

Votre tres heumble tres obeisant et tres affectioné et Journy servi*t*eur
Mansart

d'une incommodité que j'ai eu, qui aurait pu vous allarmer, et dont, Dieu mercy, je suis à présent guéri. S'estoit un apcès directement sur le canal de l'urine, ou le séjour de la matière auroit causé de très-fâcheuses suites; mais il a percé tout seul, dont les chirurgiens ont esté bien aises, et il n'y paroist quasi plus. Le Roy, qui est à Fontainebleau, m'a témoigné dans cette occasion bien de l'amitié, par son inquiétude. Comme pendant que j'estois à l'armée, je ne pouvais commodément escrire de longues lettres de ma main, je ne jugeai pas à propos de confier à une autre le détail de ce qui m'engagea à parler de monsieur le prince de Conty pour la charge de général des galères, ni en quels termes je le feis; il m'avoit consulté, quand la charge de grand maistre vaqua, si il la demanderoit; je vous laisse à penser qu'elle fut ma responce, et dans le moment il me demanda mes bons ofices le plus obligeamment du monde, outre que cela ne se refuse point à de certaines gens que vous sçavés, et en avés esté surpris souvent, que malgré sa liaison avec M. de Luxembourg, nous avons toujours esté amis; mais enfin cela est, et nous avons tout sujet de nous louer l'un de l'autre, ne sachant pourtant que mander, et croiant que le Roy ne la remplirait pas si brusquement, je n'escrivis rien, et le propre lendemain j'appris, par Sa Majesté, qu'il me la donnoit, supposé qu'elle me convînt mieux et fust plus de mon goust que le généralat des galères; je ne fus pas longtems à prendre mon parti; et seulement dans la lettre que j'escrivis à madame de Maintenon, je lui marquai en termes formels que je serois bien aise que la charge que je quitois, pust tomber à monsieur le prince de Conty, qui avoit un prodigieux besoin des grâces du Roy (1). Voilà comme l'affaire s'est passée, et ma droiture ne m'a pas permis de parler pour deux, ny de leur faire espérer; je suis assuré que vous m'aimés mieux comme cela qu'autrement, et que vous sçavez bien à quoi vous en tenir sur mon chapitre; vous avés un peu attendu vostre establissement, mais le voilà bon, et

---

(1) Ce prince était tellement prodigue, que ses fournisseurs refusaient de lui continuer des avances, excepté le rôtisseur. Son écuyer venant un jour lui dire qu'il n'y avait plus de fourrage : *Eh! bien*, dit le prince, *qu'on donne des poulardes à mes chevaux.*

il me semble que voilà nostre espèce assés honestement pourvue et puissante. Il faudra très-sérieusement songer à vous marier cet hiver, peut-estre serons-nous plus heureux que l'autre à vous trouver une femme. On m'a dit que vous aviez demandé à servir vostre charge; vous avez bien fait, car c'est le seul moien de la soustraire du pouvoir despotique que le ministre estend dessus. Je n'aurois que faire de vous recommander personne; car, comme s'estoit le mérite que je protégeois, je ne suis pas en peine que vous ne le souteniez pas; je ne puis pourtant m'empescher de vous prier d'avoir quelque bonté pour le fils de Malesieux, pour le chevalier de Valence et pour les deux Lévis. Chambonas veut que je vous parle de luy je vous nome son nom, pour pouvoir sans mentir, luy dire que je l'ai fait, mais ne vous en contraignés pas; je me suis séparé en bonne intelligence de monsieur de Luxembourg, et il me semble que pendant cette campagne tout a esté fort calme dans nostre armée. Ce n'a pas esté de mesme à la Cour; car la retirade de mademoiselle de Choiny a fait assés de bruit. On croit que Monseigneur lui donnera une petite pension. Il court un bruit que les Turcs pourroient bien bâtre ou avoir batu les Impériaux, ce seroit une grande nouvelle, et surtout pour la paix; mais elle mérite confirmation. Le bonhomme Sainteran a esté rudement choqué et culbuté par un cerf, on luy croit la cuisse cassée. Il se porte pourtant fort bien. Mon frère a aussi esté culbuté; mais il n'a point eu de mal. Le Roy se porte mieux de sa goute. Monseigneur prépare à monsieur de Bavière un présent magnifique et galant, pour le dédomager des quatre chevaux qu'il lui a donné. Voilà tout au monde ce que je sçai. J'oubliois encore que monsieur le duc va en Bourgogne avec monsieur le prince.

» Louis-Auguste de Bourbon. »

Après avoir ainsi disserté sur Clagny, nous remontons en voiture et allons à Saint-Cyr, village sur la gauche, à une petite lieue de Versailles.

Le superbe édifice qu'on y remarque, exécuté sur les dessins de J. H. Mansart, fut commencé au mois de mai 1685, et achevé le 1er du même mois l'année suivante. Il consiste en trois grands corps-de-logis dont le principal est flanqué de deux ailes, qui forment les deux autres.

Ce fut en 1686, qu'à la sollicitation de madame de Maintenon, Louis XIV fonda cette maison, en lui donnant de grands revenus (1), pour l'entretien de deux cent cinquante filles de pauvres gentilshommes, dont la fortune ne répondait point à la naissance. Elles y étaient reçues depuis l'âge de sept ans, et élevées gratuitement jusqu'à vingt. Quand le temps de ces demoiselles était expiré, la maison leur donnait une somme de 3,000 liv., qui leur servait de dot pour se marier ou pour se faire religieuses. C'est ce qui inspira à madame Deshoulières les jolis vers suivans adressés à madame de Maintenon, première institutrice de cet admirable établissement :

« Tes soins ont prévenu les tristes aventures
Où l'extrême besoin jette les jeunes cœurs.
Ah! que ces soins pieux chez les races futures
    T'attireront d'admirateurs !
Contre la cruauté des fières destinées
    Ils donnent ces soins généreux,
Un asile sacré, vaste, durable, heureux,
    A d'illustres infortunées. »

---

(1) Entre autres cent mille francs sur les revenus de l'abbaye de Saint-Denis.

Afin que cette maison prospérât davantage, madame de Maintenon choisit M. de Chamillart pour administrer les revenus et toutes les affaires temporelles.

Quoique cette institution ait été célébrée, je ne pense pas que rien puisse donner une meilleure idée des principes et de la vertu qu'on inspirait aux demoiselles, que ces trois lettres, restées inédites et écrites à une personne sortie de cet établissement de grandeur et de piété, que j'ai trouvées dans un de nos dépôts littéraires :

PREMIÈRE LETTRE.

« A St Cir juin 1717.

» Il est vrai que je vous aime mieux dans votre famille que dans une communauté. Leur misère vous fera souffrir; mais il est juste que vous la partagiés, que vous la soulagiés et que vous la consoliés autant que vous le pourrés, ce seront vos bonnes œuvres et vos pratiques de vertu.

» Souvenés-vous de votre éducation, et songés à servir Dieu, ma chere enfant, puisque nous ne vivons que par luy, et que nous ne devons vivre que pour luy. Vous ne m'importunerés point de m'escrire. Je serai bien aise de savoir de vos nouvelles, et je voudrois de tout mon cœur pouvoir vous rendre heureuse. Mais vous avés veu de près que la grandeur ne peut pas autant que le croyent ceux qui la voyent de loin. Il ni a que Dieu assés puissant pour nous enrichir tous. Adieu, je vous embrasse de tout mon cœur.

« Maintenon. »

DEUXIÈME LETTRE.

» J'ay appris, par M. de Brisacier, que vous estes mariée. J'en ay une grande joye, et prie Dieu de tout mon cœur de vous bénir. Il le fera sy vous le servés comme vous savés fort bien qu'il doit estre servy. Vous lui rendrés un compte exact de votre éducation; il faut que vous soïés l'exemple des femmes de votre province, en remplissant tous vos devoirs de femme, de mère, de maîtresse de maison, et par-là ceux d'une parfaite chrétienne. Soyés modeste, ménagère. Il n'est plus question de plaire, il faut tout esparner pour votre mary et pour vos enfans, s'il plaît à Dieu de vous en donner. Mandés-moy, ou à Nanon, quelle est votre situation et le plan de votre vie, comment vous estes pour le spirituel, et pour vos occupations ; je m'y interesseray, tant que vous ferés bien ; et je seray ravie, madame, de savoir de vos nouvelles, estant de tout mon cœur toute à vous,

» Maintenon. »

TROISIÈME LETTRE.

« Je vous accorde de tout mon cœur ce que vous me demandés pour vostre enfant, et je le nomme Louis-François, si c'est un garçon, et Françoise-Adélaïde, si c'est une fille. Si vous marquiés une personne que je pusse prier de le tenir pour moy, je le ferois ; mais je ne sçay à qui m'adresser. Je suis très-contente de vostre longue lettre et du compte que vous m'i rendés de la scituation de vostre esprit et de vostre fortune. Sy vous estes en paix dans vostre famille, et que vous serviés Dieu, je vous trouve tres-heureuse. Je ne puis croire que la grandeur, l'abondance, les richesses et les plaisirs facent le bonheur. Vos mauvais repas, vos vieux habits, me paroissent préférables à tout ce que je vois icy. Je ne doute point du mérite et des services de M. de Grieu; mais vous savez le grand nombre d'officiers dans le mesme cas. Le Roy, tout grand qu'il est, ne peut satisfaire tout le monde. Il n'i a que Dieu qui soit assés puissant pour nous contenter. Je suis ravie de trouver un moment pour vous escrire et vous assurer de la continuation de mon amitié. Souvenés-vous de votre éducation, édifiés tout ce qui vous approche, attirés à la piété tout ce qui vous environne, employés tous vos talens pour Dieu. Faittes-les valoir au soixantième, et votre estat sera aussy digne d'envie, que celui des mondains est digne de pitié. Avés-vous un bon confesseur?

» MAINTENON (1) »

En 1793, cette maison fut supprimée sans

---

(1) La réputation de cette dame était si bien établie, qu'un courtisan disait : « Je ferais plutôt une proposition impertinente à la Reine qu'à madame de Maintenon. »

Après avoir fourni une longue carrière, elle fut inhumée dans le chœur de l'église de Saint-Louis, à Saint-Cyr, quoique par humilité elle eût demandé à l'être dans le cimetière. Une épitaphe, composée par l'abbé Vertot, et revue par le maréchal de Noailles, fut gravée sur le marbre qui recouvrait ses dépouilles mortelles.

nul respect, et devint un hôpital militaire; puis on y logea des invalides et des troupes. Mais une loi du 1ᵉʳ mai 1802 fonda à Fontainebleau une école militaire, qui, dans la suite, fut transférée à Saint-Cyr. Plus tard, la paix régnant de toute part, Louis XVIII, changeant le mode d'institution des écoles militaires, rendit une ordonnance, le 26 juillet 1814, portant qu'il n'y en aurait plus qu'une seule dans le royaume, établie sur les mêmes bases que celle que Louis XV avait fondée en 1751.

En attendant que les bâtimens de l'ancienne école du Champ-de-Mars soient rendus propres à recevoir les jeunes gens, elle est provisoirement à Saint-Cyr. Le général comte d'Albignac, qui en est le commandant, a reçu des mains de Sa Majesté un drapeau portant pour inscription :

« LE ROI
A l'Ecole royale et militaire spéciale »

dont S. A. R. Madame a daigné attacher la cravate.

Pour moi, qui ne suis plus dans l'âge des illusions, puisque j'ai trente ans, si j'ai des vœux à former en terminant mon voyage, c'est que l'Ecole militaire soit rétablie au Champ-de-Mars, et que les bâtimens de Saint-Cyr soient rendus à leur première destination, sous les auspices de S. A. R. Madame.

FIN DU CINQUIÈME VOYAGE.

SIXIÈME
ET
DERNIER VOYAGE.

SIXIÈME

ET

DERNIER VOYAGE.

SIXIÈME
ET
DERNIER VOYAGE.

Nous avons vu certain preux militaire,
Plein de courage et non moins éloquent,
De son réduit, joyeux octogénaire,
Nous retracer le voyage piquant (1).
Un autre ensuite eut l'heureuse pensée,
Dans un écrit plein de grâce et de sel,
De nous mener, du faubourg Saint-Marcel,
Jusqu'où d'Antin fit bâtir sa chaussée (2).
Un inconnu, vif et malicieux,
Ne sachant plus sur quel sujet écrire,
En retournant ses poches à nos yeux,
Trouva moyen de nous faire encor rire (3);
Et même on dit que l'amant indiscret
D'une maîtresse et coquette et volage,
D'un ton badin trahissant son secret,
Sur son boudoir prépare un persiflage.

---

(1) Voyage autour de ma chambre.
(2) Voyage à la Chaussée d'Antin, par un habitant du faubourg Saint-Marcel.
(3) Voyage dans mes poches.

Oh! s'il est vrai qu'en cet aimable lieu
Elle ait choisi pour autel sa toilette,
Pour loi la mode et l'Amour pour son dieu,
Nous en aurons une esquisse complette.
Pour moi, fidèle à toujours parcourir
Les lieux rians où maint auteur moissonne,
Si je parviens un jour à recueillir
Quelque fleuron tombé de leur couronne,
Je conviendrai que le succès flatteur,
Que doit alors obtenir mon ouvrage,
Ne sera dû qu'au piquant assemblage
Des noms fameux qu'y verra mon lecteur.

Le soleil promettant de fournir une carrière sans nuages, je monte dans ma voiture et pars avec l'espoir de faire un heureux voyage.

A peu de distance des murs de Paris, est le grand village de Vaugirard, dont le nom primitif fut *vallis Bostaroniæ*.

On croit en général, et principalement l'abbé le Bœuf, que Bostars signifiant étable à vache, ce lieu doit sans doute son origine aux vachers qui s'y seront établis, attendu que le vallon, non loin de la Seine, dut offrir des pâturages propres à la nourriture des bestiaux.

Dès le 12e siècle, de *vallis Bostaroniæ*, on en fit *Vau-Boitron;* et en 1300, la scigneurie appartint à l'abbaye Saint-Germain-des-Prés. Gérard de Moret, qui en était abbé, faisant bâtir dans ce lieu une maison pour les religieux convalescens de son abbaye, distribua beaucoup d'aumônes aux habitans, et leur accorda même divers priviléges; alors, pour honorer la mémoire de leur bienfaiteur, ces bons villageois changèrent le nom de *Vau-Boitron*, en celui de *Vaugérard*, dont on fit plus tard *Vaugirard*.

L'établissement le plus remarquable et fait pour attendrir le voyageur était sans doute l'hospice dû à la générosité de le Noir, conseiller d'Etat, ci-devant lieutenant-général de police. Ce magistrat, qui, par ses fonctions, était plus à même que tout autre de voir combien d'enfans périssaient en venant au monde avec la *syphilis*, conçut l'idée de faire traiter ces innocentes victimes par le moyen de leur nourrice. Les résultats les plus heureux vinrent couronner ces essais, et il crut devoir consacrer le lieu qui avait servi aux expériences, à l'établissement même. Ce ne fut qu'à l'époque de la révolution que cet hospice fut transféré dans l'intérieur de Paris, aux Capucins et à la Pitié.

Un autre asile non moins digne d'intérêt encore pour l'enfance, et dont personne n'a parlé, était celui où M. de Lassale qui, après avoir fondé des écoles chrétiennes à Reims, Rethel, Laon et Guise, venant à Paris pour diriger un établissement de cette nature, pour mieux assurer le succès de sa pieuse institution, ouvrit un noviciat à Vaugirard, le 8 octobre 1691, dans une maison qu'il avait choisie pour faire soigner ses confrères malades. Là, quoique vivant dans les rigueurs les plus austères, il fut néanmoins obligé de retourner à Paris à cause de la famine qui régnait alors; mais peu de temps s'écoula sans qu'on ne le vît revenir vers son humble retraite, pour diriger de nouveau le noviciat, et dresser les règlemens qui sont encore suivis dans son institut.

Les cendres de ce vénérable instituteur du pauvre, pour qui le célèbre médecin Helvétius eut de l'estime, reposent aujourd'hui dans la maison qui appartint à sa congrégation au faubourg Saint-Sever, à Rouen, où il termina sa carrière le vendredi-saint, 7 avril 1719, à l'âge de soixante-huit ans.

J'entre dans le cimetière de Vaugirard, ouvert en 1781.

En général, les lieux destinés à recevoir les restes mortels des hommes, furent primitivement dans l'enceinte des villes, près des églises, afin de rendre sans doute l'idée de la mort plus présente à l'imagination. Mais la salubrité de l'air que respirent les vivans exigeant qu'il y ait une distance convenable entre les lieux habités et le terrain solitaire consacré au séjour paisible des morts; il fut rendu, en 1804, un décret qui établit un nouveau mode d'inhumation. Ce fut M. *Person* qui, étant témoin du peu de respect qu'on apportait dans les funérailles, depuis qu'on les avait retirées aux églises, adressa au gouvernement, en 1798, des observations qui font la base du règlement observé aujourd'hui, et les vers suivans inédits, qui lui furent inspirés par une estampe représentant une pompe funèbre des nègres:

« Qu'il est intéressant ce funèbre tableau
D'un sentiment pieux qu'inspire la nature!
L'esclave, avec honneur reçoit la sépulture!
Et des pleurs fraternels arrosent son tombeau....

Mais... sortant d'admirer cette touchante image...
Par quatre crocheteurs chancelans de boisson,

Un long coffre porté, me barre le passage....
« C'est d'un républicain le convoi », me dit-on.
Quel abandon barbare!!! « Aujourd'hui, c'est l'usage
Qu'au mépris de l'orgueil, prescrit l'égalité. »

Homme libre... et si fier d'un titre respectable,
Tu respectes bien peu les droits de ton semblable.
Sa gloire avec la mort fuit dans l'obscurité,
Quand le serf expirant voit l'immortalité. »

Vaugirard a peu de tombeaux remarquables. En entrant à droite, est un mausolée entouré de cyprès, sur lequel on lit :

« A
LA MÉMOIRE
DE
JEAN-LOUIS BEAUDELOCQUE,
CONSEILLER DE L'ANCIENNE ACADÉMIE
DE CHIRURGIE ET PROFESSEUR
DE LA FACULTÉ DE MÉDECINE DE PARIS ;
CÉLÈBRE PAR SES ÉCRITS ET SA PRATIQUE
DANS L'ART DES ACCOUCHEMENTS.
MONUMENT DE LA FOI CONJUGALE
ET DE LA PIÉTÉ FILIALE.

Cette inscription
a été placée
par la veuve et ses enfans
le 2 juin 1810. »

Non loin de ce monument est également,

sur la droite, contre le mur de l'est, une pierre portant pour inscription :

« ICI GISSENT
LES DÉPOUILLES MORTELLES
DE JEAN-FRANÇOIS DE LA HARPE,
L'UN DES 40 DE L'ACADÉMIE FRANÇAISE
ET MEMBRE DE L'INSTITUT NATIONAL,
DÉCÉDÉ A PARIS
LE 22 PLUVIOSE AN 11 (FÉVRIER 1803),
AGÉ DE 64 ANS.
POÈTE, ORATEUR ET CRITIQUE CÉLÈBRE.
SES ÉCRITS DURERONT
AUTANT QUE LA LANGUE FRANÇAISE.
PLEIN DE COURAGE
POUR DÉFENDRE CEUX QUI ÉTAIENT DANS LE MALHEUR
ET SINCÈREMENT ATTACHÉ A SA RELIGION,
AINSI QU'A SA PATRIE,
IL LEUR AURAIT SACRIFIÉ SES JOURS.
SES VEILLES ET SES TRAVAUX
LES ONT ABRÉGÉS.
SES DERNIERS VOEUX ONT ÉTÉ
QUE CHAQUE CITOYEN S'OCCUPAT
DE SOULAGER LES INFORTUNÉS
ET D'ENTRETENIR LA PAIX ET LA CONCORDE
DANS SON PAYS.
LECTEUR,
FAITES CE QUE VOUS POURREZ
POUR ACCOMPLIR SES VOEUX,
ET PRIEZ DIEU POUR LE REPOS
DE SON AME. »

A quelques pas de cet homme, que la

France s'honorera toujours d'avoir vu naitre, contre le meme mur, est une simple pierre, sur laquelle se trouve gravé :

« Ici repose
le corps de Claire-Josephe-Hippolyte
Léris Clairon de Latude,
née a Saint-Wanon de Condé,
département du nord,
le 25 janvier 1723,
décédée le 9 pluviose an 11,
29 janvier 1803.
elle traça, avec autant de vérité
que de modestie,
les règles de l'art dramatique,
dont elle sera a jamais le modèle. »

Plus bas, un bloc de marbre blanc, où l'on voit une tête sculptée en bas-relief, recouvre les restes de

« Antoine-Denis Chaudet,
statuaire,
membre de l'institut de France
et de la légion d'honneur,
professeur aux écoles speciales
de peinture et de sculpture,
né a Paris le III mars M. DCC. LXIII,
décédé le XIX avril M. DCCC. X.
puisse le monument élevé
par l'amour conjugal,
rappeler long-temps ses vertus,
ses talens et les plus vifs regrets. »

En face de ce statuaire, le plus célèbre peut-être des sculpteurs français, se trouve vers le milieu du cimetière, un monument en pierre de forme antique, renfermant les dépouilles d'un homme non moins fameux, quoique dans un autre genre, et sur lequel sont gravés ces mots :

« ICI REPOSE
Nicolas Séjan, membre de la
Légion d'honneur et organiste du roi,
mort le 16 mars 1819.

Je sors de ce triste lieu; et prenant le chemin du village d'Issy, le hasard me fait apercevoir, au pied d'un arbre, l'auteur de l'Aristenète français, tenant un papier sur lequel il s'occupait à jeter quelques idées. Curieux, j'approche. — Encore des vers? lui dis-je en l'abordant. — Des vers? me répond-il, des bouts rimés, à la bonne heure. Les Muses m'ont quitté, cependant j'écris en dépit d'elles. C'est l'indignation qui m'inspire. Une dame que j'estime et qui vient d'être calomniée, m'a fait part de son chagrin; j'essaie de la consoler. — Seriez-vous assez complaisant pour me laisser lire ces vers? — *Tene et lege.* — Je prends et lis ce qui suit :

« A madame de P***
Calomniée et mécontente
. . . .

On n'est pas belle impunément :
Il faut payer le tribut à l'envie,
Et si c'est un désagrément
Vous travaillerez vainement
A l'éviter, l'Amour vous en défie :
Vous devez à ce bel enfant
Un teint de rose, un front charmant,
Un bel œil, un port élégant
Et des grâces, que rarement
On trouve ailleurs qu'en Circassie :

Partout où vous irez la palme vous attend,
Et vous livre conséquemment
Aux fureurs de la jalousie,
Dont il faut plaindre le tourment.

Que l'on me cite dans l'histoire
Quelque beauté dont la mémoire
Subsiste exempte de soupçon!
Des humains telle est la manie ;
C'est la beauté qu'on calomnie,
On ne dit rien de la guenon.
Oubliez donc une furie
Satellite d'Até, qui ne sait que haïr :
Son désespoir vous injurie!
Vous en apercevoir, c'est la faire jouir.

Il m'arriverait le contraire, Madame, si vous vous aperceviez que ces vers, quoique si peu gênans, se sentent un peu de la décadence d'un rimeur parvenu à quatre-vingts ans.

> Ma muse répond mal à mon pressant désir :
> J'aurais dû vous écrire en prose ;
> J'ai vécu papillon ; j'expire sur la rose ;
> Vous avez mon dernier soupir.

Que pensez-vous, me dit-il ? — On trouve dans vos opuscules des morceaux plus soignés, mais ces vers sont encore bien pour une muse octogénaire.

Je salue ce vieillard, toujours gai, et me rends au village d'Issy.

Si l'on devait en croire la plupart de nos historiens, ce village, situé sur une petite colline qui touche à la banlieue de Paris, tirerait son nom de la déesse Isis, qui eut un temple en ce lieu du temps du paganisme. Mais cette tradition n'est pas assez fondée pour qu'on doive s'y arrêter : et, quoique son nom latin soit *Issiacum* ou *Isiacum*, il est peut-être plus sage d'avouer son ignorance, que de se laisser emporter par une imagination trop exaltée. On ne peut toutefois révoquer en doute son ancienneté, puisque les rois de la première et seconde races y possédèrent des maisons de plaisance, et que Childebert 1er donna une partie de ce village à l'église de Saint-Vincent de Paris; puis Hugues Capet une seconde à celle de Sainte-Geneviève (1); et enfin, le roi Robert, à l'abbaye de Saint-Magloire.

Une charte de l'an 907, nous apprend aussi que Charles-le-Simple y résidait quelquefois, et l'on trouve de plus dans nos établissemens littéraires des ordonnances datées de *villa Isiacum*. Le séjour de ce monarque contribua beaucoup à l'embellissement du village; car ce fut à cette occasion que les évêques de Paris y firent bâtir, et engagèrent d'illustres personnages à suivre leur exemple.

Personne n'ignore que c'est dans ce lieu que se tinrent, en 1695, des conférences au sujet de plusieurs ouvrages de Fénélon, contre lesquels Bossuet s'éleva fortement; mais l'issue de cette affaire, si bien expliquée aujourd'hui par M. le cardinal de Beausset, donne lieu d'affirmer qu'il y eut peut-être autant de grandeur d'âme dans la soumis-

---

(1) Voyez un titre qui se trouve parmi les Recueils du père Sirmond.

sion de l'illustre archevêque de Cambray, que dans la louable fermeté de l'Aigle de Meaux (1).

La lettre suivante de Bossuet à l'évêque de Saint-Omer, que je dois à M. le chevalier F. de Villeneuve, et qui se rattache à la discussion, ne sera pas sans intérêt pour le lecteur:

† « Meaux 16 may 99.

» Si je sçavois, Monseigneur, que vous estes très bien instruit, et de bonne part de ce qui se passe ici, je continuerois à me donner l'honneur de vous en escrire. Mais je ne puis vous dissimuler ce que je viens de voir. C'est la lettre de convocation de Mgr vostre archevêque, où, par une risible affectation, il tache d'insinuer que le Roy ne demande à vostre province que de rendre son mandement, par où il exclut indirectement la demande inévitable qu'on doit faire au Roy de la suppression des livres faits en défense, mais il abuse de la parole

---

(1) On assure que Fénélon, pour donner un témoignage public de son désaveu, fit faire un ostensoir pour sa cathédrale, au pied duquel on voyait son ouvrage qu'un ange foulait à ses pieds.

et oublie celles où le Roy desire que les provinces procèdent à ce qui est nécessaire à exécuter ponctuelle et avec uniformité la constitution : ce qui ne peut subsister sans supprimer ce qui est fait défense d'un livre condamné par le Saint Siége et par son auteur, d'autant plus que tous les livres imprimés sans permission et de la seule autorité privée par eux mesmes sont recusables selon les règles de la police. Je n'ai rien à adjouter sur cela à ce que dit le procès-verbal de vostre province, et si Mr de C. recuse en tel endroit, il montrera qu'il adhère encore à son livre, puisqu'il s'oppose à la suppresion de ce qui est fait pour la défense. Il est vrai que Rome ne les y a condamnés ni mesme.... de les examiner. Mais il est de droit de condamner les défenses des mauvais livres, et outre cela Rome condamnant le livre de l'explication *examine sententiarum*, condamne par conséquent les interprétations faites en défense de ce mesme livre. Vous voyez bien, Monseigneur, combien cela est capital et combien il regarde le soin des évèques d'otter des mains des peuples les excuses et apologies d'un livre dont la pratique est pernicieuse et dont la

. . . . eut induit à des erreurs déjà condamnées, je puis vous assurer que le Roy lui-mesme a trouvé cela très important et sera bien aise de le faire à la supplication des évêques....

» ✝ l'v. de M. »

Parmi les anciennes maisons d'Issy, qui n'ont point succombé sous les ravages du temps, on doit distinguer celle qui est le long de la route, où se réfugia Marguerite de Valois, lorsque la peste dévastait Paris en 1605. Cette maison, dont le jardin est spacieux, passa dans la suite au séminaire de Saint-Sulpice; et maintenant les jeunes clercs y vont tout le temps de la belle saison. On y remarque une chapelle qui a été érigée sur le même plan que celle de Lorette si fréquentée.

Une autre maison non moins remarquable, est celle qui fut bâtie par Bazin de la Bazinière, un des hommes les plus riches de son temps, et qui appartint plus tard au fameux président Talon. Lors de sa mort, elle fut acquise par le prince de Conty, pour plaire à Louis XIV, qui, comme nous l'apprend Dangeau dans ses Mémoires, aimait que les princes eussent des maisons de plaisance.

Je crois devoir présenter ici une lettre de ce prince au duc de Vendôme :

« A Paris ce 3 7bre 1697.

» Je reçois avec plaisir Monsieur le compliment que vous voulés bien me faire sur mon eslection à la courone de Pologne. Croyés je vous suplie que je suis très sensible aux marques de vostre amitié que vous voulés bien me donner dans cette occasion et soyés bien persuadé que l'on ne peut vous honorer plus que je fais n'y estre plus véritablement que je suis à vous.

» François-Louis de Bourbon. »

» Je vous remercie de vostre livre de tabac. Laparat ne me l'a pourtant pas encore donée, et j'en suis en peine parce que je dois partir ce soir pour un grand voyage. »

Il n'est pas douteux que cette maison, qui appartient aujourd'hui à M. de Lépine, directeur de la Monnaie, ne puisse être mise au nombre des plus jolies des environs de Paris. Sa façade présente, du côté de la cour, un péristyle de colonnes toscanes surmontées d'un attique et d'un fronton ; et celle du jardin est semblable, à l'exception de l'ordre qui est dorique, et qu'on doit à l'architecte Bullet.

On en distingue une troisième, qui appartint à Vanholles, intendant d'Alsace : après lui elle fut au maréchal d'Estrées, et puis au cardinal de Fleury, qui, y passant la plus grande partie de son temps, y mourut en 1743.

Le trait suivant qui eut lieu dans cette maison, mérite d'être rapporté :

La santé du Cardinal s'alterait de jour en jour. Par une adulation puérile, on grossissait les gazettes de centénaires, et l'on prétendait même avoir trouvé des élixirs merveilleux qui prolongeaient la vie. Ce premier ministre tombait en des états si fâcheux, que les médecins lui défendirent le travail; néanmoins les secrétaires d'Etat se rendaient toujours à Issy pour y prendre ses ordres. Un matin Breteuil, ministre de la guerre, après avoir travaillé quelques heures avec Son Eminence, se trouva si mal en sortant qu'on le crut mort. Les serviteurs du Cardinal, craignant que cet accident ne produisit une trop grande impression sur leur maître, ne donnèrent aucun secours à Breteuil, et le remirent dans son carrosse, où il expira en arrivant à Paris.

Cet acte d'inhumanité ne servit guère à prolonger la vie du Cardinal, qui termina sa carrière peu de temps après, à l'âge de quatre-vingt-dix ans.

A peu de distance d'Issy (1), ou pour mieux dire, à trois quarts de lieue de Paris, se trouve le village de Vanvres, qu'une charte du roi Robert de 998, nous fait connaître sous le nom de *Vanna*, qui, dans le latin du moyen âge, signifie *pêche* ou *pêcherie*.

L'on pense qu'il doit son origine à des pêcheurs qui s'y retirèrent à cause du voisinage de la Seine. Il n'est cependant pas douteux que Vanvres n'ait été renommé par ses vignes, puisque, dans le 10e siècle, elles appartenaient à la couronne, et que ce ne fut qu'en 1163 qu'elles furent données à l'abbaye de Sainte-Geneviève, ainsi que la cure et la principale seigneurie.

---

(1) C'est dans ce village qu'on représenta, en 1659, le premier opéra français, dont l'auteur était Pierre Perrin, lyonnais.

En consultant les registres du Châtelet, on voit qu'au 13ᵉ siècle on y célébrait, le jour de la Trinité, la fête de l'*Epée*, fête assez singulière, et ainsi désignée, parce qu'elle consistait à donner une épée pour prix à celui qui, de la porte Saint-Michel de Paris, parviendrait le plutôt à la porte de Vanvres. Mais, comme il arrivait souvent que ce prix suscitait des querelles, et que le vainqueur était obligé de se servir de cette arme contre ses concurrens; pour prévenir de semblables accidens, l'institution cessa d'avoir lieu.

Vanvres n'est pas moins célèbre encore par le fameux procès de l'ânesse de Pierre Leclerc, contre l'âne de Jacques Féron.

  Femme Leclerc, sur sa monture,
  Traversait un jour ce canton,
  Quand l'âne de veuve Féron
  Broutait, errant à l'aventure.
  C'était déjà dans la saison
  Qui, par son influence heureuse,
  Vient rajeunir les animaux
  Et féconder les végétaux.
  Près de l'ânesse voyageuse,
  Dont la voix rauque témoignait
  Une passion amoureuse,
  Voilà qu'aussitôt le baudet
  Lève le col, se met à braire,

Et veut prouver, à sa manière,
Les feux d'amour qu'il ressentait.
Leclerc, pour écarter la bête,
D'un gros bâton frappe sa tête.
L'animal furieux s'aigrit,
Sur la dame à l'instant s'élance,
La mord, la renverse et s'enfuit.
N'écoutant plus que la vengeance,
Elle se relève, et poursuit
Maître Aliboron qu'elle accroche
Et nombre de coups lui décoche.
Non contente de sa rigueur,
Par un esprit déraisonnable,
Des sottises du serviteur
Rendant le maître responsable,
Elle saisit cet animal,
Et l'établit son commensal.
Féron s'inquiète et se damne
Croyant avoir perdu son âne;
Mais, par hasard le découvrant,
Leclerc demande pour dommages
Des morsures et des outrages,
Quinze cens francs argent comptant.
Le procès, qui déjà s'intente,
Faisait rire tout le pays,
Quand l'attestation suivante,
Produite à la cour de Thémis,
Rendit l'affaire plus plaisante :

« Nous soussignés, prieur-curé et habitans de la paroisse de Vanvres, avons connoissance que Marie-Françoise Sommier, femme de Jacques Féron, avait *un âne depuis quatre ans,* pour le service de leur commerce, et que pendant tout le temps qu'ils l'ont eu, personne ne l'a connu méchant, et qu'il n'a jamais blessé personne; même pendant six ans qu'il a appartenu à un autre habitant, *qu'aucun ne s'en est jamais plaint, ni entendu qu'il ait fait des malices dans le pays:* en foi de quoi, nous soussignés, lui avons délivré le présent témoignage.

» A Vanvres, ce 19 sep^{bre} 1750, signé Pinteul, prieur-curé de Vanvres, Jérôme Patin, Claude Jeannet, Louis Rétoré, Louis Senlis, Claude Carbonnet. »

Ce plaisant témoignage égayant le barreau,
Ravit à la justice et balance et bandeau.

Le château, qui fut bâti en 1698 pour M. de Montargis, sur les dessins de J. H. Mansart, est peut-être un de ceux des environs de la capitale qui soit assis sur l'une des plus heureuses situations. On y arrive par une avenue formée de quatre rangées d'ormes. Quoiqu'élevé sur une éminence, le terrain a été si bien ménagé par le fameux architecte, qu'à l'irrégularité de la nature ont succédé de superbes terrasses, qui en rendent l'accès facile.

Il consiste en un grand corps-de-logis construit en pierres de taille d'une structure si simple et si belle, qu'elle remplace les ornemens d'architecture dont on aurait pu le décorer. Vingt ans après son entier achèvement, le duc de Bourbon en fit l'acquisition; et ce ne fut que lors de la révolution, étant devenu propriété nationale, que la maison des princes de Condé cessa de le posséder.

Comme tout ce qui rappelle la famille du grand Condé ne peut que vivement intéresser le lecteur; il sera sans doute flatté de lire une lettre de l'illustre prince à Colbert.

« Monsieur ma maladie mempeschant de pouvoir aler si tost à St Germin jay creu que vous ne trouveries pas mauvais que ie me servisse de cette voie icy pour vous dire que M^r l'abé Courtois me surprit beaucoup hier en maportant une procuration pure et simple que M. Berier luy dona pour la faire signer au Roy de Poulogne sans les reserves des charges et des maisons dEvreus de St Germin et de Cachan comme cest vous

Monsieur qui me dites que le Roy trouvoit bon ces reserves la et que ie le pouvois mander au Roy de Poulogne et que ie le luy ay mandé iay creu aussy que ie ne pouvois madresser qua vous pour vous supplier de le bien vouloir dire à Mr Berier affin quil ny fasse plus de difficulté on a mesme porté le roy de Poulogne a tenir conte à Mr Berier sur Cachan de mil livres et a trouver bon que quand il vaquera des offices ce soit Mr Berier qui en fasse les tretes pourveu que ce qui en proviendra lui reviene par dessus les cinq^{te} mil escus cependant Mr Berier ne paie rien et le roy de Poulogne na encore rien receu de tout ce qui luy est deu il fault pourtant quil vive et il se va voir reduit à vandre ses meubles pour ne pas mourir de fain si vous naves la bonte de mettre la derniere main a cette affaire jespere que vous le voudres bien faire dune maniere qui fasse cognoitre au roy de Poulogne que ie ne lay pas trompé quend ie luy ay mandé que vous mavies dit que le roy agreoit les reserves et que vous voudres bien doner quelque ordre pour ses paiements Je vous en seray en mon particulier infiniment obligé et rechercheray avec soin touttes les occasions de vous tesmoigner que ie suis

» Vostre tres affectione
» Monsieur
» A vous servir
» Louis de Bourbon.
« A Paris ce 4 de nvbre 1669. »

Il n'est personne qui ne sache qu'à la mort de Turenne, le prince de Condé continua la guerre d'Allemagne; mais que la goutte l'obligeant d'abandonner les drapeaux, il se retira dans sa belle maison de Chantilly. Cette cruelle infirmité, qui le plus souvent est héréditaire, passa, comme on va le voir, au fils de ce grand capitaine:

« A Chantilly, ce 12 juin 1696.

« Je m'accoustume, monsieur, avec un grand plaisir à vous faire des compliments sur ce qui se passe dans les armées que vous commandés. Je vous prie de croire qu'outre l'interest general, je suis fort sensible à ce qui vous regarde en cela particulièrement. La liberté d'escrire par la main des secrétaires doit estre establie entre tout le monde, mais surtout entre ceux qui ont les affaires

Tome 2 P.

Monsieur ma maladie m'engage de ne pouvoir aler si tost a St germain J'ay creu que vous ne trouveriés pas mauuais que ie vous escrivisse de cette-cy pour vous dire que nostre coustois me surprit beaucoup hier en m'aportant une procuration pure et simple que mr pinier luy dona pour la faire signer au roy de pouloigne sans les reserves des cherges et des maisons de reuen[u] de St germain et le carhere comme est vous monsieur qui me disiés que le roy trouueroit bon ces reseru[ati]ons la et que ie le luy ay mandé au roy de pouloigne et que ie le luy ay mandé j'ay recours aussy que il ne pourroit m'adresser qu'a vous pour vous supplier de le bien vouloir dire a mr pinier affin qu'il ny fasse plus de difficulté on a mesme porté le roy de pouloigne a consentir a ce que pinier fasse un de mil liures et a trouuer bon que si il vaquoit des offices ce soit nostre pinier qui en fasse les fraictz pourveu que ce qu'il en prouuiendra luy reuiene sur lesseu[rs] que ... apandant nostre pinier...

ne paie rien et le roy de poulogne na encor
rien receu de tout ce qui luy est deu il faut
querir quand quil vient et il se va voir reduit
a vendre ses meubles pour ne pas mourir
de faim si vous ne nauves la bonté de me
la derniere main a cette affaire. Jespere
que vous le voudres bien faire dune ma
niere qui fasse connoistre au roy de po
logne quil il ne soy plus trompé quand
je luy ay mandé que vous mavies dit
que le roy ayeroit les revenues de pol[ogne]
et que vous voudres bien donner quelq[ue]
ordre pour les payements Je vous en suis
en mon particulier infiniment obl[i]
gé et rechercheray avec soin toutes
les occasions de vous temoigner que je
suis

Monsieur a vous servir
a paris ce 4 de LOUIS deBourbon
novembre 166

d'un général, et ceux qui comme moy ont le poignet attaqué par un peu de goutte.

» H. J. DE BOURBON (1).

« A M^r le duc de Vendôme. »

Après m'être reposé quelques instans dans cette charmante maison de plaisance, qui appartient au Gouvernement, lequel l'a mise à la disposition du collége de Louis-le-Grand, revenant sur mes pas je traverse Issy. A l'extrémité de l'immense parc de la maison de M. de l'Epine, je rencontre le hameau des Moulineaux, remarquable par ses belles carrières de craie, les plus curieuses peut-être de l'Europe (2).

Sur la porte de la première ferme, on voit, dans une niche, un buste bronzé de Virgile, sous lequel on lit :

« *Hæc super arvorum cultu pecorumque canebam,*
Et super arboribus . . . . .
VIRG. »

---

(1) Cette lettre, en effet, n'est que signée de sa main.

(2) Le nom de *Moulineaux*, dont il n'est nullement fait mention dans les chartes, est probablement dérivé du mot latin *molendina* (moulins) qui se trouve entre autres dans les Epitres de Saint Bernard. Ce qui peut venir à l'appui de cette étymologie, c'est qu'on voit encore aujourd'hui des moulins au bas de ce hameau.

En montant des Moulineaux à Fleury sous Meudon, on laisse dans la *vallée* à droite le *Val*(1).

Le hameau de Fleury, dans la situation la plus riante et la plus pittoresque, est connu par un titre du 12ᵉ siècle, sous le nom latin *Floriacum*.

L'avantage d'un site charmant, de promenades variées, déterminèrent sans doute quelques riches propriétaires à y faire bâtir des maisons de plaisance, qui s'y sont multipliées, surtout dans ces derniers siècles; et, si l'on ne peut découvrir la véritable étymologie du nom de ce hameau, il est assez vraisemblable qu'il le doit au premier personnage qui s'y sera établi, comme on en trouve mille exemples, ou bien à l'immense quantité de fleurs (*flores*) que le printemps y fait éclore.

Parmi les jolies maisons qui animent ces sites enchanteurs, connus pour être les plus beaux et les plus renommés des environs de Paris, on remarque celles de MM. Richard d'Aubigny, de Sarrete, ancien direc-

---

(1) Vient de *vallis*, vallée.

teur du conservatoire de musique, qui vient de la vendre à M. Trou, et de Panckoucke, dont le père s'est fait un nom par ses entreprises typographiques, et surtout en mettant l'Encyclopédie par ordre de matières, à laquelle il a fait ajouter des parties qui jusqu'alors n'avaient pas été traitées.

Je quitte le riant Fleury; et, en moins d'un quart-d'heure, j'atteins le sommet de la montagne de Meudon.

Beaucoup de savans ont vainement cherché l'étymologie de ce nom. Les uns ont voulu que ce fût le *Metiosedum* dont parle César dans ses Commentaires; d'autres, et principalement l'abbé Lebœuf, ont prétendu le contraire. Ne pourrait-on pas croire que Meudon vient des deux mots celtiques *mul*, poussière, et *dun*, hauteur?

Quoi qu'il en soit, on ne peut nullement douter de l'antiquité du lieu, puisque des titres nous apprennent que cette terre fut donnée par le roi Childebert à l'abbaye de Saint-Vincent, depuis Saint-Germain des Prés, qui en conserva long-temps la seigneurie; car ce n'est qu'aux 12e, 13e et 14e siècles qu'on trouve des chevaliers qualifiés seigneurs de Meudon, tels que Robert de

Meudon, pannetier du Roi en 1303; Henri de Meudon, grand-veneur en 1344, etc.

Vers le commencement du 15ᵉ siècle, la famille des Sanguins posséda cette seigneurie, et puis ses descendans, parmi lesquels on remarque Antoine Sanguin, évêque d'Orléans, qui plus tard, étant fait cardinal, prit le titre de cardinal de Meudon. Ce prélat, en mourant, la donna à la fameuse duchesse d'Etampes, sa nièce, et c'est-là que François 1ᵉʳ venait rendre de fréquentes visites à cette belle.

En attendant qu'on imprime les poésies de ce Monarque, galant troubadour, aussi cher aux arts qu'aux lettres, voici un rondeau, extrait de son manuscrit, qui sans doute était adressé à cette duchesse :

« En mon mal-heur d'amour je me contente,
Mais non de toy, car ta nature lente
En mon endroit est rebelle au debvoir
Du sentiment que tu debvrois avoir
De l'égal feu que l'Amour nous présente.

La cire fond au feu sans peu d'attente,
La fange aussi en chaleur vehemente
Seiche devient, par moy le puis scavoir
    En mon mal-heur.

Par-fondu suis par désir qui augmente,

Et tu durcis, ingrate et peu aymante
Moy serviteur que puis apercevoir
N'avoir nul bien que te faire assavoir
Pour t'obeir la mort m'estre plaisante
   En mon mal-heur. »

En 1552, la duchesse ayant cédé cette propriété au cardinal de Lorraine, ce prince fit bâtir le château sur le lieu le plus élevé, d'après les dessins de Philibert de Lorme, et en 1570 fonda, non loin de là, un couvent pour des Capucins, qui fut le premier que ces religieux eurent en France, et qui a survécu à tous les anciens monumens de Meudon (1).

A la mort du Cardinal, le duc de Guise, son neveu, hérita de cette terre. Ce ne fut qu'en 1654 que son petit-fils la vendit à Servien, surintendant des finances, qui obtint qu'elle serait érigée en baronnie.

En 1680, Louvois l'acquit du fils de Servien; mais il faut remarquer ici que ce ministre était informé des démarches qu'on faisait auprès de Colbert pour acquérir cette terre au nom du duc de Vermandois. Une

---

(1) Il appartient aujourd'hui à M. Pera, dont les habitans de Meudon se louent comme d'un bienfaiteur.

note, que j'ai trouvée dans la correspondance inédite de ce fameux administrateur, ne me laisse aucun doute à cet égard, et m'a convaincu qu'alors comme aujourd'hui, il y avait des faiseurs d'affaires qui, sachant s'introduire dans les administrations, connaissaient l'art de faire des dupes.

Après que Louvois eut fait cette acquisition, on vit l'Académie des Inscriptions et Belles-Lettres tenir quelquefois ses séances dans ce château, quoique ses assemblées eussent été fixées au Louvre le lundi et le samedi, de cinq à sept heures, comme on peut s'en convaincre par l'histoire manuscrite de cette compagnie : c'est alors que Racine et Boileau furent invités, par Louvois, à se trouver à ces réunions.

Enfin, vers 1691, Louis XIV racheta cette terre pour le grand dauphin, son fils, à la veuve Louvois, moyennant quatre cent mille livres, donnant en sus le château de Choisy (1). Dès-lors, de grands embellissemens y furent faits, comme feu monseigneur nous

(1) Voyez la 1235ᵉ lettre de madame de Coulanges à madame de Sévigné, et la 1237ᵉ de Coulanges à la même, édition de Blaise.

l'apprend lui-même par une lettre au duc de Vendôme, restée inconnue, et que voici :

« A Marly ce 23 aoust 1704.

» Vous sçavez que je suis fort paresseux a escrire et que je ne le fais que pour de bonnes occasions. Celle cy a esté importante pour que je vous en témoigne ma joie vous ne doubtez pas a ce que je croy que je ne sois sensible à ce qui vous regarde et que tous les avantages que vous remportez sur les ennemis me font encore plus de plaisir que rien autre. J'espere que nous finirons bientost et glorieusement la guerre d'Italie et que j'auray bientost le plaisir de vous revoir et de vous mener a Meudon ou vous trouverez bien des choses nouvelles et qui seront je crois de vostre goust. On pourra vous en avoir parlé car il y a eu plusieurs oficiers d'Italie qui y ont esté. J'espere aussi a mon tour que nous ferons quelques voiages d'Anet quand vous serez en ce pais icy et que je pouray vous asseurer moy-mesme de l'estime et de l'amitié que j'ay pour vous.

» Louis.

» La princesse du bois doré est plus charmante que jamais et vous fait mille complimens. »

Non content des augmentations considérables qui eurent lieu, ce prince fit élever, en 1695, un nouveau château en pierres de taille, à la place même de la fameuse grotte bâtie par Philibert de Lorme. Les jardins, le parc d'une immense étendue et clos par un mur, furent replantés par le Nôtre, où il montra un si grand talent, que c'est lui qu'a voulu peindre le père Rapin, lorsqu'il dit:

« . . . . *Augustis unus qui præsidet hortis,*
Ornandi ruris magnus monstrator, et omnis
Egregius culturæ hortorum artisque magister.

Hort. L. I. »

On arrive sur le plateau où est situé ce château par une des plus belles terrasses de l'Europe, pratiquée sur les flancs d'un rocher, et d'où l'on aperçoit Paris à découvert. Mais malheureusement les magnifiques jardins qui étaient en terrasses, et qui par conséquent s'élevaient les uns sur les autres, ont été détruits pour ainsi dire; on n'y trouve plus que des bois immenses qui font respirer aux curieux une fraîcheur délicieuse.

L'église de Meudon, sur le portail de laquelle on lit :

DIEU ET LE ROI,

n'offre rien de remarquable; je n'en parlerais même pas, si tout le monde ne savait qu'elle se prévaut d'avoir eu pour curé, en 1545, Rabelais, d'une humeur divertissante, et dont l'imagination était surtout inépuisable dans les sujets plaisans. Mais, s'il fut en même temps le pasteur et le médecin de ce bourg, il n'est pas vrai qu'il soit mort dans le presbytère de cette cure, comme on l'a écrit. Ce fut à Paris, dans la rue des Jardins, sur la paroisse de Saint-Paul, qu'il finit ses jours en 1553, et fut inhumé dans le cimetière de cette église, au pied d'un arbre, qu'on y laissa long-temps pour en conserver la mémoire.

Parmi les épitaphes qu'on lui fit, on distingua surtout la suivante :

« Pluton, prince du sombre empire,
Où les tiens ne rient jamais,
Reçois aujourd'hui *Rabelais*,
Et vous aurez tous de quoi rire. »

Mais, s'il est un homme de lettres que je ne dois point passer sous silence, et que nous avons vu de nos jours venir souvent à Meudon, c'est sans doute l'auteur du *Comte de Valmont*, homme qui, consacrant sa vie au bonheur de ses semblables, a honoré à la fois la religion et sa patrie.

Oserait-on croire que, sur la fin de ses jours, celui dont les ouvrages respirent une morale douce et bienfaisante, qui ont été traduits presque dans toutes les langues, serait mort dans l'indigence, si un concours d'amis, parmi lesquels on remarquait les premiers prélats de l'église de France, n'avaient obtenu pour lui, en 1804, la récompense que réclamaient depuis long-temps ses honorables travaux ?

Voici une lettre que ce vertueux ecclésiastique écrivit, à cette occasion, au plus noble de ses protecteurs (1) :

« Je ne peux assez vous exprimer toute ma reconnaissance, moins encore de la pension que vous daignez m'annoncer, que de l'intérêt que vous avez bien voulu mettre à ce qui me concerne, en me rendant mon genre

(1) M. le cardinal F....

de travail et de recherches plus facile, après toutes les pertes que j'ai éprouvées (1). Trop heureux que ce témoignage de gratitude que je vous dois, me procure l'avantage de pouvoir vous assurer, en même temps, de tout le respect avec lequel j'ai l'honneur d'être,

» Votre très-humble et très-obéissant serviteur,

» GÉRARD.

» A Meudon ce 29 prairial an 12 (18 juin 1804). »

De Meudon je descends à Bellevue, qui est le côté le plus agréable par où l'on puisse arriver, et auquel on est conduit par une triple allée de tilleuls.

Personne n'ignore que ce fut madame de Pompadour qui fit bâtir cet élégant édifice, avec la rapidité la plus inconcevable, sur les dessins de l'Assurance. A peine deux années furent-elles écoulées, que ce lieu vit élever un monument de magnificence et de goût, et à la fois un chef-d'œuvre de sculpture, quoique d'un genre très-simple.

---

(1) M. l'abbé Gérard jouissait, avant 1792, du revenu d'un canonicat et de 4000 liv. de pension que lui donnait, pour ses Œuvres, le Gouvernement.

Son heureuse position, l'immense variété de ses paysages offrant les points de vue les plus rians, et les nombreuses sinuosités de la Seine qui semblent se multiplier à l'œil de l'observateur, firent donner à ce château le nom de *Bellevue.*

Quatre jours après son achèvement, c'est-à-dire le 24 novembre 1750, Louis XV vint y rendre visite à madame de Pompadour, et même y coucha dans un appartement qu'on lui avait préparé exprès. Charmé de la beauté du site, le monarque témoigna le désir de faire l'acquisition de cette habitation délicieuse. Cependant ce ne fut que le 22 juin 1757 que le contrat d'acquisition fut passé, laissant toutefois la jouissance à la dame. A la mort de cette favorite, Bellevue devint maison royale, et de nouveaux embellissemens la rendirent plus agréable encore. La statue du prince y fut sculptée en marbre, par Pigalle, au milieu des jardins plantés par de Disle, dont il ne reste pas même aujourd'hui la balustrade dorée qui l'entourait.

A la mort de Louis XV, son successeur, l'infortuné Louis XVI, en fit présent à ses tantes, *Mesdames de France,* qui l'habitèrent jusqu'à ce qu'elles furent contraintes de fuir.

Peu de temps après, ayant été dévasté, l'édifice fut transformé en caserne, et plus tard vendu à M. Testu-Brissy, à la charge de ne point interrompre la route qui conduit à Meudon.

De tant de richesses qu'on vit jadis embellir cette retraite, si chère aux poëtes qui venaient y chercher des inspirations, il ne reste plus aujourd'hui que quelques misérables portions de ce noble édifice; et les eaux abondantes qui y furent conduites à grands frais, ayant disparu, ce lieu ne présente plus qu'un aspect des plus sombres.

Au bas de Bellevue, est au pied de la colline et sur les bords de la Seine, le village de Sèvres, appelé jadis *Separa*, nom celtique dont la signification est inconnue, et qui peut passer pour un des plus anciens des environs de la Capitale; puisque Saint-Germain, évêque de Paris, y fit ériger une église qui sert aujourd'hui de paroisse, mais qui fut reconstruite en partie au 13ᵉ siècle.

On croit généralement que nos rois de la première race y eurent un palais. Plusieurs titres nous font connaître aussi que, sous Philippe-Auguste, le chevalier Roger en était seigneur, et au 16ᵉ siècle, messieurs de Longueil. Ce ne fut que vers le 17ᵉ, que le duc d'Orléans acheta cette seigneurie, à cause du voisinage de Saint-Cloud, qui lui appartenait.

La manufacture de porcelaine est célèbre par les ouvrages qu'elle fait éclore, et qui sont connus de l'Europe entière. Son bâtiment est immense. Le fronton, où sont représentées les armes du Roi, est de du Mont. Des enfans entourent d'une guirlande de fleurs le cartel qui les renferme; et, aux deux côtés, se trouvent la Peinture et la Sculpture.

De Sèvres, je monte à Saint-Cloud, gros bourg fort ancien où les rois de la première race avaient une maison de plaisance. On l'a appelé jusqu'au 7ᵉ siècle *Novigentum* ou *Nogent-sur-Seine*, pour le distinguer de Nogent-sur-Marne. Mais Clodoaldus, fils du roi Clodimir, et nommé, par corruption, *Cloud*, s'étant retiré dans ce lieu afin d'éviter les persécutions de Childebert et de Clotaire ses oncles, y fonda un monastère après avoir été fait prêtre par l'évêque Eusèbe, en 551.

La mort et les miracles opérés sur le

tombeau de ce saint solitaire, rendirent ce lieu tellement célèbre, que le nom de *Novigentum* fut changé en celui de *Saint-Cloud*. L'église, où reposaient ses restes, ainsi que le cœur de Henri III, dernier rejeton des Valois, assassiné par Jacques Clément, le 2 août 1589, a été vendue et détruite, et sert aujourd'hui d'habitation à plusieurs familles.

Marie-Antoinette avait commencé à faire ériger une nouvelle église en face de l'ancienne, qui se trouvait avancée, lorsqu'une mort, à jamais déplorable, vint l'enlever à la France. Ce n'est que depuis un an environ qu'on a repris les travaux, qui se poursuivent avec activité. Mais elle est plus petite, et la porte d'entrée opposée au plan conçu. En attendant qu'elle soit achevée, l'office divin a lieu dans la

« *Chapelle royale de l'hospice fondé l'an M. DCC. LXXXVIII, par Sa Majesté très-chrétienne Marie-Antoinette d'Autriche, Reine de France et de Navarre.* »
Inscription placée en M. DCCC. XVII, qu'on lit sur la porte située dans la place de la Reine (1).

---

(1) La nouvelle église a été consacrée en 1820, et pour la

Le château, bâti à mi-côte sur un terrain qui s'élève en amphithéâtre sur la rivière de Seine, et dans la plus heureuse situation, appartint dans l'origine à Jérôme de Gondi, Florentin, où logeait Henri III lors de son assassinat. Il passa dans la suite aux descendans de Gondi, parmi lesquels on compta successivement trois évêques de Paris, dont le Cardinal de Retz fit partie. La célébrité de ce fameux personnage, qui ne peut qu'exciter un puissant intérêt au lecteur, m'engage à lui présenter une lettre de cette Eminence à Colbert:

« Monsieur,

» Je scai les obligations que ie vous ai, et ie vous supplie de croire quelles me sont d'autant plus sensibles que dès la premiere occasion que vous avés eue de me tesmoigner de la bonté vous lavés fait de la maniere du monde qui me doibt le plus toucher. Ce n'est pas sans une satisfaction tres particuliere que ie me crois tres obligé a une personne pour le merite de laquelle iai tou-

---

première fois on y a célébré l'office divin le jour de la Saint-Louis.

Tome 2.e P.e

Monsieur
                                        Je sçais les
obligations que je vous ai et je vous
supplie de croire qu'elles me sont
d'autant plus sensibles que dès la
première occasion que vous avés eüe
de me témoigner de la bonté vous
l'avés fait de la manière du monde
qui me doit le plus toucher. Je
n'ai pas sans une satisfaction très
particulière que je me vois très obligé
à une personne pour le mérite de
laquelle j'ai tousjours eü autant
d'estime. Je vous supplie de croire qu'en
ce qui concernera vos interests les conten-
tements, et que je ne souhaiterai jamais
rien avec plus de passion que de vous
témoigner que je suis Vostre affectionné
    Monsieur   Serviteur
à Commercy 8.e février   Le Cardinal de Retz
        1662

siours eu autant d'estime. Ie vous supplie de croire que i'en concerverai tres cheremant les sentiments, et que ie ne souhaiterai iamais rien avec plus de passion que de vous tesmoigner que ie suis

» Monsieur,

» Vostre affectionné
serviteur.

» Le Cardinal DE RETZ.

» A Commerci ce 18 febvrier 1661. »

Louis XIV fit l'acquisition de ce vieil édifice en 1660, quoique tombant en ruines (1), ainsi que de trois maisons d'Hervard, contrôleur-général, de Foucquet, surintendant des finances, et de Monerot, pour en faire présent au duc d'Orléans, son frère unique, duquel voici deux lettres; l'une par laquelle il défend les prérogatives attachées à son rang, et qui, par cela seul, rappelle un fait historique; et l'autre à l'occasion de la naissance du régent son fils :

---

(1) Il appartenait alors à Jean-François de Gondi, premier archevêque de Paris.

PREMIÈRE LETTRE.

« Ce mardi a neuf heures du soir (21 mars 1673).

» Je viens dapprandre en arrivant icy de Versaille que les secretaires du conseil avoient presanté une requeste au Roy pour porter les édits avec moi cela na jamais este toutes les fois que jy ai este ni mon oncle non plus les anfans de France aiant ce privilége de le faire porter par leurs secretaires. Cest pourquoi je croi que le Roy ne me fera pas ce tort la si je lavois sceu icy jan orois parlé a Versaille mais je ne fais que de lapprandre je vous prie donc dan parler au Roy et de le prier de ma part de dessider en ma faveur.

» PHILIPPE.

» A mons Colbert secretaire détat. »

DEUXIÈME LETTRE.

« A Versailles le 2 de septembre 1703.

» Je nai pu Monsieur recevoir aucun compliment sur la naissance de mon fils que je crusse plus vray et qui me fist plus de plaisir que le vostre. Je nai jamais trouvé ni eu vous ni en moi que des choses qui massu-

Tome 2 P.

Le mardi à neuf heures, Elle vous
vins d'apprendre en ouvrant la Ce...
...aille que les deux [...] du conseil
avaient [...] une requete au Roy
pour parler les debats avec moi. Ce n'a
jamais été [...] les fois que [...]
ni mon oncle non plus les enfants de
[...] avant [...] de le faire porter
[...]
Je crois que le Roy ne me fera pas ce tort
[...] je [...] san doute par le à
[...] mais je ne fais que de l'apprendre
[...] et de le prier de ma part de [...]
ma faveur. Philippe

rent de vostre amitié et qui ne me permettent pas de douter de l'intérest que vous prenés a ce qui m'est avantageux. Rendés moi, Monsieur, la mesme justice et ayés assé bonne opinion de moi pour croire que je pense sur ce qui vous regarde comme je dois et que je nai jamais plus de joye que quand je puis donner quelque marque de lestime particuliere que jai pour vous.

» Philippe d'Orléans,
» Au Duc de Vendome. »

Sur ce terrain alors fut bâti le magnifique château qu'on y voit aujourd'hui. La façade, élevée par Girard, est ornée de pilastres corinthiens. A cette façade, deux ailes plus modernes ont été jointes d'après le dessin de le Pautre. L'ordre dorique avec un avant-corps de l'ordre toscan, règlent l'architecture de ces ailes, décorées de huit figures placées dans les niches.

En entrant on trouve, en face de la porte, le groupe séduisant de Flore et Zéphire, que l'on doit au ciseau de M. Rutxhiel.

Parcourant les divers appartemens, d'où l'on découvre les points de vue les plus variés, on voit que le parc qui décèle les talens de l'ingénieux le Nôtre, les eaux, les bois, l'architecture, la sculpture et les peintures de Mignard, de Joseph Vernet et de plusieurs de nos peintres vivans, font de ce palais un des plus agréables séjours de France, et peut-être un des plus beaux palais du monde.

Après avoir visité l'intérieur des appartemens, je descends vers la cascade, ouvrage merveilleux qui fixera toujours l'admiration des curieux. Elle se divise en deux parties, la haute et la basse. La première est due à le Pautre, et la seconde à J. H. Mansart.

Le grand jet d'eau qui s'élève à quatre-vingt-dix pieds, tombe dans un carré d'une vaste étendue. L'abondance des eaux surprend surtout par la vivacité et la force de ses jets.

De là, montant à la lanterne de Démosthènes, j'entends plusieurs personnes qui, en s'extasiant, prétendent que c'est à M. Molinos, architecte, qu'elle est due.

Jaloux de rendre à chacun ce qui lui appartient : Messieurs, leur dis-je, permettez-moi de vous faire observer que vous êtes dans l'erreur. C'est aux frères Trabuchi, fumistes des maisons royales, qu'on doit ce monument, et voici à quelle occasion.

Ces trois italiens avaient trouvé le moyen de faire des poëles en terre avec des panneaux d'une grande dimension, chose assez difficile. Désirant appliquer leur procédé à des objets plus importans, ils firent part de leur idée à MM. Percier, Legrand et Belloni. Ces messieurs s'étant réunis, engagèrent les frères Trabuchi à exécuter en grand le monument antique d'Athènes, connu sous le nom de *Lanterne de Démosthènes*. Ils l'exécutèrent en effet. En 1800, lors de l'exposition des produits de l'industrie, il parut, pour la première fois, à la cour du Louvre. Ce monument, unique en ce genre depuis les Anciens, attira l'attention des artistes et de Bonaparte, qui conçut l'idée de le faire placer à St.-Cloud, ce qui s'exécuta par les soins de M. Fontaine, architecte. On y mit un fanal surmonté d'une pomme de pin.

Pressé par le besoin de déjeûner, je quitte ces messieurs, et vais chez le Griel, dont la maison se trouve près de la grille, non loin du pont. Ce traiteur ne le cède en rien aux restaurateurs Véry et le Gacque, pas même pour le prix des mets. C'est sous ses fenêtres que la foire ou fête commence le 7 septembre, foire si renommée pour le pain d'épice et les jouets d'enfans, et qui se prolonge jusqu'au troisième dimanche. Ici se rendent tous les saltimbanques, dont la capitale abonde. La population de Paris s'y porte tellement en foule, que les routes sont couvertes de voitures de toute espèce, et la Seine de petits batelets. Cette coutume d'aller par eau, inspira sans doute à Louis Nel l'agréable badinage intitulé : *Voyage de Paris à Saint-Cloud par mer et par terre*, dans lequel il a fait preuve du rare talent de plaisanter avec agrément, le jeune Parisien qui n'est jamais sorti des barrières.

> Tantôt à son jeune novice,
> Cet écrivain, plein de malice,
> Persuade que les corbeaux,
> Dont les becs aquilins sont jaunes,
> Sont des perroquets aussi beaux
> Que ceux des bords des Amazones :
> Tantôt, qu'un épais tourbillon,
> Produit par un four de Meudon,
> Et qui se transforme en nuages,
> Est cet épouvantable mont
> Qui, par sa fureur, ses ravages,
> Engloutit hameaux et villages.
>
> De Sèvres traversant le pont

Facilement il lui fait croire
Qu'il va voguant sur l'Hellespont,
Pour se perdre dans la mer Noire.

Ce n'est pas tout : à son retour
Par terre achevant son voyage,
Avec l'objet de son amour,
Il aperçoit sur son passage
Un vaste mur, qui cerne un bois,
Et ne doute point cette fois
Qu'il ne soit le mur qui sépare
Le peuple Chinois du Tartare.

De cet innocent voyageur
Rien ne dépeindrait la stupeur.
Son cœur doublement s'inquiète,
Et craint que sa belle Henriette
Ne soit ravie à son ardeur,
Pour le sérail du Grand-Seigneur.
Heureusement que sa compagne,
Montrant le château de Madrid,
Tranquillise son jeune esprit :
Alors, battant moins la campagne,
Se croyant au sein de l'Espagne,
Bénit le ciel, se réjouit
De n'être plus en Tartarie,
En Chine, au Monomotapa,
Dans les déserts de Bulgarie,
Dans le Bengale, et cætera.

Ce bourg, qui se glorifie d'avoir produit des hommes illustres, tels que Pierre de

Saint-Cloud, auteur du testament d'Alexandre-le-Grand; Guillaume de Saint-Cloud, fameux astronome qui passe pour avoir composé le premier des almanachs à la sollicitation de Marie de Brabant, zélée protectrice des lettres; Maisonneuve, Philippe-Joseph d'Orléans, etc., etc., m'engagent à visiter le cimetière, pour savoir si rien n'y rappellerait le souvenir de quelques-uns de ces personnages. Quel est mon étonnement, lorsque j'acquiers la certitude qu'une simple pierre ne recouvre pas même les restes de l'auteur de *la Coquette corrigée*, qui, après plus de soixante ans, fait encore partie du répertoire français.

Mais, si le voyageur déplore un semblable oubli, il est du moins touché d'y trouver le monument qui renferme les dépouilles de celle à qui la France doit l'auteur des *Étourdis*, et sur lequel on lit:

« ICI REPOSE
D.^e JOSEPHE-NICOLE DE SENS
Vve DE M.^e
GUILLAUME ANDRIEUX,
NÉE A PARIS
LE 13 FÉVRIER 1733,
DÉCÉDÉE
LE 15 DÉCEMBRE 1819.

SES ENFANS ET SES PETITS ENFANS
GARDERONT AVEC RESPECT
SA MÉMOIRE
ET LA CHÉRIRONT TOUJOURS.
DE PROFUNDIS. »

En face de cette tombe, dont la simplicité de l'inscription porte au cœur et à l'imagination, on en voit une autre soutenue par deux pilastres, où se trouve gravé en lettres d'or sur un marbre noir :

« ICI REPOSE
L'ENFANT LE PLUS AIMABLE
ET LE PLUS AIMÉ,
DÉCÉDÉ LE CINQ DÉCEMBRE 1819.

CE MARBRE LONG-TEMPS APRÈS MOI
RETRACERA MES DOULEURS, MA TRISTESSE.
FILLE CHÉRIE, OBJET DE MA TENDRESSE,
TOUT MON BONHEUR DESCEND DANS LA TOMBE AVEC TOI. »

Plus loin, vers la droite, dans la partie du terrain réservé aux protestans, on voit le tombeau de madame Jordan, sur lequel on lit une inscription, dont je n'ai pu déchiffrer que les lignes suivantes (1) :

---

(1) Comment se fait-il que ces caractères soient effacés, lorsque des inscriptions de l'Attique ont affronté 20 siècles sans être altérées ? Est-ce le climat, ou bien la pierre qu'on emploie ?

« M. S.

DOROTHEÆ JORDAN

QUÆ . . . .

. . . .

. . . .

. . . . ARTEM.

UT RES EGENORUM

ADVERSAS SUBLEVARET

NEMO PROMPTIOR.

E VITA EXIIT

3 NONAS JULII 1816

ANNOS NATA 50.

MEMENTOTE

LUGETE. »

De ce cimetière, situé sur le faîte du mont et presque vis-à-vis le château de *Montretout*, qui appartient au comte Potosky, je descends à Boulogne, qui n'est séparé de Saint-Cloud que par la Seine, qu'on traverse sur un fort beau pont de pierre qui a douze grandes arches et deux petites (1).

---

(1) Ce pont était très-ancien, puisque les chroniques rapportent qu'en 841 Charles-le-Chauve, voulant s'opposer au passage de Lothaire, son frère, fit camper son armée entre Saint-Cloud et Saint-Denis. Il resta en bois jusqu'en 1556, époque où Henri II le fit construire en pierre, à l'exception des deux arches du milieu qui restèrent en bois jusqu'en 1810, époque où l'on répara le pont tel qu'il est aujourd'hui.

Ce village, à une lieue et demie de Paris, s'appela jusque sous nos premiers rois de la troisième race, *Menus-lès-Saint-Cloud*; mais quelques habitans de *Paris* et des *Menus*, ayant été en pélerinage à Notre-Dame de Boulogne-sur-Mer, ils obtinrent du roi Philippe-le-Long, en 1319, la permission de faire ériger une église au village des Menus, sur le modèle de celle qu'ils étaient allés visiter, et d'y instituer une confrérie. L'église fut nommée la chapelle de *Notre-Dame de Boulogne-sur-Seine*, puis *Boulogne-la-Petite*, après *Boulogne*, tout simplement, et c'est ainsi que l'église donna le nom de *Boulogne* au village.

Ce monument, d'une architecture gothique, ayant été fini en 1343, fut béni par l'évêque de Paris, et augmenté dans le siècle suivant. Le Pape ayant accordé des indulgences à cette nouvelle église, semblables à celles de Boulogne-sur-Mer, on vit alors un grand nombre de Parisiens y venir en pélerinage par dévotion, et ne plus aller à Notre-Dame de Boulogne.

En sortant de ce village très-bien bâti, où le statuaire Le Comte mourut dans sa petite maison, en 1694, après avoir illustré son ciseau au palais de Versailles, on se trouve dans le bois de Boulogne, qu'on appela jadis *bois Rouverai*; mais comme il fallait toujours le traverser pour se rendre au village, on s'habitua à l'appeler *bois de Boulogne*. C'est dans une ordonnance de 1577, qu'il est désigné pour la dernière fois par son ancien nom.

Ce bois, qui est percé de tous côtés par de fort belles routes, n'est planté qu'en bois de taillis. A l'une de ses portes touchait jadis l'abbaye de Longchamp, située sur le rivage droit de la Seine, et fondée au 13e siècle par Isabelle de France, sœur de Saint Louis, pour des Religieuses de l'ordre de St.-François, qui étaient appelées *Sœurs-Mineures*. C'est dans ce bâtiment, achevé en 1260, que cette pieuse et modeste princesse se retira et vécut dans la plus grande simplicité sans faire de vœux. Sœur Agnès d'Harcourt, seconde abbesse (1), à qui l'on doit une vie d'Isabelle, après l'avoir long-temps servie, la vit mourir dans ses bras le 22 février 1269, pendant la seconde croisade de Saint Louis,

---

(1) Mahault de Guiencourt, 1ere abbesse, et non Agnès d'Anneri, comme le prétend l'abbé Lebœuf, qui ne fut que la 17e religieuse reçue au monastère.

et non 1271, comme il est dit dans l'Art de Vérifier les dates, tom. I, p. 71 (1).

Une chose bien digne de remarque sans doute, c'est que deux princesses sont mortes religieuses dans cette abbaye : l'une était Blanche, fille de Philippe-le-Long, qui, aimant beaucoup sa fille, venait la voir souvent, et même y mourut le 3 janvier 1321; et l'autre était Jeanne de Navarre.

Toutes les religieuses de ce couvent vécurent dans la plus grande humilité jusqu'en 1543, époque où, se relâchant beaucoup de l'austérité de la règle de Saint-François, et négligeant leurs devoirs les plus essentiels, il fut question de les réformer.

La lettre suivante de Saint Vincent de Paul au cardinal Mazarin, qui est restée inconnue, apprendra, quoiqu'écrite un siècle après, les motifs qui sans doute faisaient désirer depuis long-temps cette réforme :

« Eminentissime Princeps!

Quam dignata est Eminentia vestra epis-

---

(1) Voyez un manuscrit du 14ᵉ siècle, à la Bibliothèque du Roi, qui appartint jadis à l'abbaye de Longchamp. D'ailleurs Saint Louis n'aurait pu assister aux funérailles de sa sœur, puisqu'il est mort en 1270.

tolam pridie idus Martii ad me scribere, qua potui animi submissione Eminentiæ vestræ atque Eminentissimis patribus et dominis meis sacræ regularium congregationi præpositis, tertio Kal. Octobris recepi. Hac jussit vestra Eminentia, me supra iis secreto et circumspecte inquirere, quæ ex parte abbatissæ et sanctimonialium monasterii de Longchamps ordinis sancti Francisci diocesis [*sic*] Parisiensis, sanctissimo domino nostro Papæ supplicatione exposita sunt. Eadem supplicatio continebat, in prædicto monasterio regularem disciplinam esse prorsus labefactam jam abhinc multis annis non sine scandalo publico, et id culpa superiorum dicti monasterii, fratrum scilicet Minorum ejusdem ordinis provinciæ Franciæ, qui non solum adhibere remedia neglexerunt, imo ipsimet pravo regimine et malo exemplo vitia per se fovent. Dictos etiam fratres in talibus vivere rixis et disceptationibus, ut fere apud nullum laïcorum judicum in se invicem lites non moverint, nullumque provincialem creatum, qui ejusmodi dissidia componeret, postremo eorundem provincialium autoritate apostolica a duobus aut circiter annis deposito. Inde factum est, ut predictum [*sic*] monasterium, a¹... sorore S. Ludovici regis extructum, antiquum, permultisque opibus redditibusque [*sic*] dotatum, plurimis et gravissimis summis hodie obæratum sit. Quibus quidem disciplinæ et facultatum monasterii ruinis, scandalisque publicis, cum præfata abbatissa mederi quæreret, ad summum pontificem accurrit, Suamque Sanctitatem supplex obsecrat, ut hoc monasterium ac sanctimoniales ab omni jurisdictione et superioritate dictorum fratrum Minorum ordinis sancti Francisci exolvat [*sic*], atque ordinario in posterum (ut olim, primis ab erectione illius monasterii temporibus) rursus subjiciat. Hæc supplicatione, quam dignata est ad me Eminentia vestra mittere, continentur.

Ut autem, Eminentissime Cardinalis, mandatis Eminentiæ vestræ pro tenuitate mea obtemperarem, protinus adii multos viros notæ probitatis, eruditionis et sapientiæ, nonnullos doctores Sorbonicos, aliosque plures ex clero, tum sæculares tum regulares, laicos etiam pios et expertos, quibus status disciplinæ et facultatum monasterii de

---

¹ *Hic spatium unius verbi in autographo relictum est.*

Longchamps, ordinis S. Francisci diocesis Parisiensis, compertus est, insuper unam hujus monasterii sanctimonialem mihi satis notam audivi: a quibus quasi uno omnium ore veram esse supplicationem accepi.

Sed ut omnia clariora Eminentiæ vestræ fiant, breviter et singillatim hujus domus statum exhibere conabor. Certum est, quod jam a ducentis annis Christi bonus odor in eo monasterio in male olentem ruentis disciplinæ et morum corruptelam versus est: unde reclamantibus piis, instante regio senatus Parisiensis procuratore, anno M. D. LX. latum est decretum ad hoc, ut episcopus Parisiensis correctioni et disciplinæ restituendæ manum admoveret.

Locutoria non obseruntur [*sic*], aperta quibuslibet, etiam juvenibus non cognatis: quo pleraque monialium ut libet, solæ sine teste, nec monitu abbatissæ, quin et ipsa sæpius renitente, accurrunt: hocque observatum in iis locutoriis, quasdam esse crates seu fenestellas statutis de clausura repugnantes, certa virginum pericula. Præfati fratres, monasterii rectores, malum non auferunt: imo ipsimet augentes tum maxime confessores nocte horis intempestivis cum monialibus confabulari, illuc irrepunt. Quidam ex iis fratribus de nocte intra clausuram a quadam ex monialibus junioribus introductus deprehensus est. Alias etiam juvenes quosdam per noctem moniales introduxerunt.

Cum abbatissa juveni moniali familiaritate et colloquiis nimium frequentibus, periculosis et scandala multa creantibus, cum aliquo juvene stirpis insignis, sed moribus corrupto, nec cognato, interdixisset, hujusmodi familiaritatem et colloquia permisit pater provincialis, uti ipsa coram omnibus monialibus, et ipso provinciali præsente, declaravit : et rumor est, juvenem illum dicto provinciali multam pecuniam ad id consequendum dedisse.

Dicti confessores multoties tribunalia expiandis peccatis destinata viris laïcis ad secreta cum monialibus colloquia aperuerunt, eosque intus incluserunt, voluntate et prohibitionibus abbatissæ posthabitis.

Constat insuper, cum huc in urbem ob bella circumgrassantia tota ea monialium familia confugerit, plurimas illarum perverso vitæ genere scandala disseminare, cum solæ cum solis et remotis arbitris specie invisendi in ædibus et cubiculis privatorum totas dies impendant. De quibus cum quidam clericorum, vir admodum religiosus, monuisset abbatissam, respondit, se malum non posse reprimere, vehementerque obsecravit, ut ipsemet eas alloqueretur. Quod cum præstitisset, responsum animo irreverenti et infrænato et cum magno illius scandalo fecerunt. Hæc ab illo excepi.

Qui ex dictis patribus excipiendis confessionibus præficiuntur, singulari amicitia et nimia familiaritate cum aliquibus ex monialibus, quas vocant laïcas seu servientes, devinciuntur. Unde eo superbiæ devenerunt, ut cæteris molestæ sint et intolerandæ.

Si quæ inter moniales nascantur controversiæ, tantum abest ut dicti fratres sedandis vel extinguendis invigilent, quin et accendunt et augent.

Præfati confessores non concedunt, imo ægre ferunt ac renuunt, si quando moniales ad expianda peccata alios sibi deposcunt.

Novitiæ et recentes professæ fere sine ulla regulari disciplina educantur, atque antequam ad recipiendum habitum et emittendam professionem admittantur, juxta sacrosancti Concilii Tridentini decreta prævio examine non probantur.

Plures monialium vestes deferunt indecentes et immodestas: in locutoriis se ostentant vittis ignei coloris fulgentes : horarias aureas seu horologia aurea gestant. Chirothecas etiam raras et quas vocant hispanas induunt.

Quæ cum ita sint, Eminentissime Cardinalis, nec ullus mihi supersit iis de rebus dubitandi locus, tum ob singularem probitatem, verum et sinceram mentem eorum, quibus totus monasterii status perfecte cognitus est, a quibus testimonia hæc accepi, tum ob conscientiam meam, dicam cum omni animi mei humiliatione, mihi videri, summum dominum nostrum Papam pro paterna prudentia prospecturum Vestram Eminentiam atque Eminentissimos patres sacræ Congregationis regularium, si certiorem faciatis Sanctitatem Suam, fore Deo Opt. Max. gratissimum, depravationibus et vitiis corrigendis, ac restituendæ in monasterio de Longchamps disciplinæ convenientissimum et aptissimum, si ab illo fratres ordinis Minorum penitus amoveat, illudque ab omni regimine, auctoritate et jurisdictione eorum eximat, atque una cum sanctimonialibus tam in spiritualibus quam in temporalibus jurisdictioni archiepiscopi Parisiensis submittat: mandet etiam præfato archiepiscopo, ut præponat virum sæcularem vel regularem, doctum, pium expertumque, dummodo non ex dicto ordine Minorum, dictarum virginum regimini: quem ad tres annos instituat visitatorem, ad dirigendas, visitandas et corrigendas dictas moniales ac monasterium, constituendos confessores, tum denique præstanda omnia, quæ præsens archiepiscopus præstaret, salvo ad ipsum in casu querimoniæ recursu: atque si utile judicet elapso priore triennio, ejusdem visitatoris commissionem in triennium adhuc prorogare possit. Quo elapso, post restauratam regularem disciplinam concedat facultatem abbatissæ et sanctimonialibus, eligendi tertio quoque anno tres sacerdotes sæculares vel regulares probatæ vitæ, scientiæ et experientiæ, per scrutinium et ad pluralitatem suffragiorum, præsidente visitatore, et assissentibus Confessoribus, quos domino Archiepiscopo præsentabunt: ex quibus unum visitatorem cum potestate et auctoritate in monasterium et moniales constituet.

Hæc sunt, quæ Eminentiæ Vestræ pro jussionis ejus dignatione exponit breviori quo potest stylo indignus sacerdos, vestro longe impar mandato, qui supplex et humilis ad pedes Eminentiæ Vestræ in spiritu advolutus erat, ut ei benedictionem impetire dignetur : cum sit in æternum Eminentiæ Vestræ,

» Eminentissime Princeps,

» Humillimus atque obsequentissimus servus,

» VINCENTIUS A PAULO,

» indignus Superior Congregationis Missionis.

» Parisiis 25 octobr. an. 1652. »

Plus tard, l'abbaye de Longchamp devint remarquable par l'affluence du monde qui s'y rendait le mercredi, le jeudi et vendredi saints, pour assister à l'office des ténèbres et entendre surtout de belles voix. Mais l'archevêque de Paris, croyant que la curiosité attirait plus que la dévotion, interdit la musique. L'église devint déserte, et la promenade plus fréquentée. L'envie de briller, d'étaler de magnifiques voitures, des chevaux les plus fringans, enfin le désir de voir, et plus peut-être celui d'être vu, attirèrent dans les allées du bois de Boulogne, qui conduisaient à cette abbaye, ce qu'il y avait de plus brillant à la cour et à Paris.

La révolution vint détruire ce monastère

ainsi que tous ceux de France, et l'on n'a conservé que l'usage des promenades, temps de triomphe et de conquêtes pour les dames qui rivalisent de toilette, de grâces et de beauté, quoique le luxe et la pauvreté s'y trouvent pêle-mêle confondus.

Tout près de cette ancienne abbaye, est Bagatelle, petit château dans l'origine, longtemps habité par mademoiselle de Charolois, qui se plaisait à y réunir dans la belle saison beaucoup de monde pour y donner des fêtes. A sa mort, il changea de destination; et Monseigneur le comte d'Artois, après l'avoir acheté, le fit reconstruire de nouveau en soixante-quatre jours, sur les dessins d'Alexandre Bellanger.

Il n'est personne qui n'admire à la fois l'élégance de la cour, de la façade, et surtout les rians paysages qui embellissent ce séjour délicieux. Mais pourquoi faut-il que le voyageur, en demandant à qui il appartint en dernier lieu, sente son imagination se rembrunir, en apprenant que ce fut à la victime d'un forfait inouï qui plongea la France dans le deuil (1).

---

(1) Monseigneur le comte d'Artois donna Bagatelle à son fils, monseigneur le duc de Berry.

Non loin de Bagatelle, fut jadis le château de Madrid, entièrement détruit, et que François Ier fit bâtir en 1529, lors de son retour d'Espagne, où ce prince resta prisonnier après la bataille de Pavie (1).

Comme je ne connais aucun recueil des lettres du roi des Preux, et que le hasard en a fait tomber dans mes mains deux qu'il écrivit de la prison à sa mère, où il fut malade de chagrin et d'ennui, j'ai d'autant plus de plaisir de les joindre à mon voyage, qu'elles se rattachent à mon sujet, et que d'ailleurs la première est entièrement écrite de sa main, comme on le voit par le fac-simile.

PREMIÈRE LETTRE.

« Toute aseteure Madame est aryve langes lequel ma byen fet antandre la sorte de quoy lon acuze a sete dernyere reponse anvers vous laquele je panse pour retoure et peuys qua vous mys dyeu de noutre coute le quel seul set la syns eryte de quoy vous et moy alyons an sete pes je ne playn Madame que v^{re} pene laquele ne se peut dyre sans frenyt veu lonestete quy aves

---

(1) Il arriva dans cette prison le 14 août 1516.

garde et peuys que lanpereur estyme sy peu mon amytye et a tant d'anvie de me reuyner je ay esperanse aveques leyde de dyeu que avant quyl soyt peu de leuy fere connoytre que je senys otant dyne destre desyre amy que desseperé anemy q parquoy je vous seuplye ne vous donner poynt de pene et croyre que dyeu fet tout pour le par myeus et vous a venyr byentoust car james neut dant danvye de vous voyr qua aseteure.

» Vostre tres humble et tres obeysant fylz
» Francoys. »

DEUXIÈME LETTRE.

Du Roy François envoiee à sa mere madame la Regente cependant quil estoit prisonier.

» Pour vous faire asscavoir Madame come se porte la reste de mon infortune de toutes choses non mest demuré que lhonn (*sic*) et la vie qui est sayne et pour ce que an vostre adversité ceste novelle vous sera quelqs peu de reconfort, ay prie que lon me leyssast vous escripre ceste letre ce que lon ma aisement acorde vous supliant ne vouloir prandre lestremite de vous mesmes, en usant en usant de vostre acostumée prudance.

toute asseurer madame est ojour l'ayers lequl ma
lyon fet antandre la sorte de quoy loarnez a ste
dornyeur copise a nors vons laquele je pance
pour roloncl et puys qua vons myadyon de
nontrer conte le qul seul set la synsryte de
quoy vous et moy alyons a sete pes je nplayn
madame qui ver pour la qule ne se pout
dyresmes fronyt ron lon stete quy aurs garde
et puys que taporour ostyme sy pon me amyte
et atant danyo deme runynor, ay espiase
mesques loyde dedyon que auant qul syt
pen de len y fere conoytre que je songs d mt
dyne destre diffre amy qu dosse por ame
ame my q par quoy je vous suplyo no vous
donez paynt depene et croyre que dyon sot
tont voni lomyons et vons a vonye byen fonst
car jamos nul dont danye de vons bon
qui a sotmre   vostre hublo et tres
                   oboysant fyls FRANCOYS

toute asseurer madame est argent lagrs lequel ma
byen fet antandre la soutr de quoy lo arnez a fete
dormyeur copise a noes bons l'aquele ye spanse
pour rotonel et pnys qua bons myadyon de
nontre conto lequel seul set la syns ryte de
quoy bons et moy alyons a sete pes ye n eplayre
madame qui ver pone la qule nese pout
dyresime frenyt lon lom stete quy aurs garde
et ponys que taporour estyme sy pon me amyte
et atant d'anyo deme runy noz .. ay espiase
mesques loyde dodyon que anant qu'ilsyt
pen de leny fere conoytre que ye songs d'mt
dyne destre dessue amy que desseporo
ame ny q par quoy ye vous sunplye ne vous
donez poynt depene et croyre que d'yonset
tout pon i lomyous et bons a bonye byen tonst
car yamos neul dant d'auno de bons layr

Car je ay esperance que a la fin dieu no me abadonera point, vous recomandant vostres petits enfans et les miens. An vous supliant feres doner leur passage pour aller et revenir an Espayne au presant porteur, car il va devers lanpereur pour scavoir comad il voudra que ie sois traitté. Et sur ce me voys recomder humblement a vostre bone grace

» Vostre tres humble et tres
» obeisant fylz.

» FRANCOYS ».

Beaucoup d'historiens ont fait remarquer que le château de Madrid ne ressemblait en rien à celui que Charles-Quint lui assigna pour prison, et qu'il ne portait ce nom que parce que le monarque s'y retirait souvent, sans que les courtisans sussent où il était. Ceux-ci faisant alors allusion à sa captivité, temps où il ne pouvait être vu que difficilement, donnèrent sans doute par raillerie le nom de la ville de Madrid au château de Boulogne.

D'autres écrivains, au contraire, ont soutenu qu'il fut construit à l'Espagnole.

Ce qu'il y a de certain, c'est que son premier nom fut *château de Boulogne*, puisque le roi Charles IX, qui, trente ans après la construction, y séjournait souvent, datait ses ordonnances *de son château de Boulogne*. Mais plus tard, Louis XIII, avec raison surnommé *le Juste*, qui l'habitait aussi quelquefois, l'appelait *Madrit*, comme la lettre suivante va nous l'apprendre :

» Mon cousin, je ne recois point de nouvelles du siege que vous faites que je naye en mesme temps nouveau subiet de satisfaction de vos soingz affection et conduitte. Jaccorde bien volontiers la compagnie du feu s^r de Montesquiou a celluy pour lequel vous mescrivez et aussy lenseigne en faveur de lautre Je me prometz de v^{re} fidelite et de v^{re} zele les mesmes soingz pour la perfection de ce que vous avez sy bien commencé Soyez aussy asseure de ma bonne volonté priant Dieu quil vous ayt mon cousin en sa s^{te} garde Escrit a Madrit ce xxe jour de juillet 1637

» Louis.

» Vous temoignerez a mon cousin le duc

Mon Cousin, Je ne reçois point de
nouvelles du siège que vous faites
que Je n'aye en mesme temps nouveau
subiet de satisfaction de vos soingz
affection et conduitte, J'accorde
bien volontiers la compagnie du feu
s.r de montesquiou a celuy pour
lequel vous me seruirez et aussy
l'enseigne en faueur de l'autre Je
me promets de v're fidelite et de
v're zele les mesmes soingz pour
la perfection de ce que vous auez
sy bien commencé soyez aussy asseuré
de ma bonne volonté priant Dieu
quil vous ayt Mon Cousin en sa
s.te garde Escrit a Madrit ce xx.e
Jour de Juillet 1637

Mon Cousin, Je ne recois point de nouuelles du siege que vous faittes que Je naye en mesme temps nouueau subiet de satisfaction de vos soingz affection et conduitte, Jacorde bien volontiers la compagnie du feu s.r de montesquiou a celluy pour lequel vous me seruirez et aussy lenseigne en faueur de laultre Je me promets de vre fidelite et de Re tele les mesmes soingz pour la perfection de ce que vous auez sy bien commence Soyez aussy asseure de ma bonne volonte priant Dieu quil vous ayt Mon Cousin en sa Ste garde Escrit a Madrit ce xx.e Jour de Juillet 1627

de Candale v^re frere la mesme satisfaction que jay de ses services

« A mon cousin le card^al de la Valette. »

Mais, si je me suis reporté au règne de Charles IX et de Louis XIII, qui jeta les premiers fondemens de cette grandeur où la France parvint sous le roi son fils, pour éclaircir le fait historique de ce château, je crois devoir revenir à son fondateur, et présenter un de ses rondeaux, non moins agréable que celui que j'ai donné en parlant de Meudon, ainsi qu'une pièce de vers qu'il composa étant prisonnier :

RONDEAU.

« Bien-heureuse est la saison et l'année,
Le temps, le poinct, et l'heure terminée,
Le moys, le jour, le lieu, et le pourpris,
Ou des beaux yeux je fuz lié et pris :
Tant que prison m'est liberté nommée
     Bien heureuse.

Bien heureux est le doux travail quay pris,
Puisqu'au pouvoir d'amour je suis compris,
Sagette et arc qui blessa ma pensée :
Aussi la playe en moy renouvellée
Que jestime santé de trop grant pris
     Bien heureuse. »

Vers faits pendant sa captivité.

« Triste penser en prison trop obscure
Lhonneur le soing le devoir et la cure
Que ie soutiens des malheureux souldars
Devant mes jeulx desquelz jay la figure
Que par raison et aussi par nature
Devoient mourir entre picques et dars
Plustost que veoir fouir leurs estendars
Me font perdre de raison la trempance
Quant de te voir jay perdu lesperance.

Tousiours amour par fermeté procure
Qua desespoir point ne face ouverture
Mais tous malheurs viennent de tant de parts
Quilz me rendent indigne creature.
Tant que derreur en mon chef faicts saincture.
Les yeulx baignez vers toy sont mes regardz
Ne faisant plus contre ennuy ramparts
Si nest davoir ton nom en reverance
Quant de te voir jay perdu lesperance.

Il existe encore un autre petit château dans l'intérieur du bois de Boulogne. C'est celui de la Muette ou Meute, situé à l'entrée du bois du côté de Passy.

Comme la première intention fut d'établir un simple rendez-vous de chasse, il est plus vraisemblable de croire qu'il faut dire *meute*, lieu où l'on renferme les chiens en attendant les chasseurs, que *muette*, qui désigne un lieu secret, fermé de bois de tous côtés.

Les séjours fréquens que nos rois y firent, lui valurent le titre de maison royale. Cependant, quoiqu'on ne puisse lui assigner une grande antiquité, on peut avancer que Charles IX, qui rendit un édit daté de la maison *de Passy-lès-Paris*, l'a habité. Ce n'était point alors une belle maison de plaisance, puisque nous savons qu'elle fut rebâtie sur le même emplacement par Louis XV, qui y demeura quelquefois, et que madame la duchesse de Berry, fille aînée du duc d'Orléans régent, y mourut le 21 juillet 1719, à peine âgée de vingt-quatre ans.

Une chose sue à la vérité de tout le monde, mais dont cependant je dois faire ici mention, c'est que ce fut en ce lieu même que se fit, le 21 novembre 1783, la première expérience aérostatique, où Pilastre de Rosier et le marquis d'Arlandes s'abandonnèrent dans les airs à ballon perdu. La mongolfière, après vingt-cinq minutes de voyage, fut s'abattre derrière le Jardin des Plantes.

Parmi les curiosités que renfermait ce château, les amateurs remarquaient surtout un cabinet d'instrumens de physique et d'astronomie qui fut réuni à l'Observatoire de

Paris, en vertu d'une loi du 3 septembre 1790.

En parcourant ainsi tout l'intérieur du bois de Boulogne, je me trouve à Auteuil, qui, dès le 12ᵉ siècle, était connu, et portait le nom latin d'*Autolium*.

Lors même qu'on ne trouverait point de titres sur ce village, l'église, sous l'invocation de la Sainte-Vierge, quoique rebâtie au 16ᵉ siècle, possède des portions de bâtimens du 12ᵉ, qu'on remarque facilement, telles que le portail et la tour du clocher terminée en pyramide octogone.

Il y a beaucoup de villages en France qui portent le même nom. Les uns viennent du latin *altare*, qui signifie *autel;* mais il est plus présumable que celui des environs de Paris, le plus célèbre de tous, dérive plutôt du mot celtique *au*, qui veut dire prairie. Cependant on ne peut disconvenir que ce pays n'ait eu aussi des vignes, puisqu'on envoyait du vin d'Auteuil jusqu'en Danemarck, et que les abbés de Sainte-Geneviève, qui en furent seigneurs, le vendaient à des évêques, comme nous l'apprend Saint-Foy.

La position de ce lieu et la grande route de Paris à Versailles, y ont fait multiplier les maisons qui en général sont fort jolies ; il n'est cependant pas douteux que, sans Molière et Boileau, on parlerait moins de ce village ; car personne n'ignore que ces deux grands hommes y possédèrent des retraites champêtres.

C'est là que le législateur du goût, duquel on a déjà publié plus de cent éditions de ses œuvres, passait une partie de la belle saison, et y recevait les plus fameux littérateurs de son temps, en enseignant le bel art dont il offre le modèle. Jamais un dîner n'avait lieu sans qu'ils ne s'entretinssent de littérature. *Les quatorze mille quatre cents vers* de Chapelain, objet éternel des satires de Boileau, étaient sans cesse sur la table ; et si le hasard voulait que quelqu'un fît des fautes de langage, il était condamné à lire les vers de cet auteur, dont l'Horace français disait, malgré les remontrances de ses amis : *Qu'un homme qui a fait* la Pucelle, *méritait d'être pendu.*

N'ayant pu découvrir aucun morceau intéressant et inédit du régulateur de notre poésie, je crois devoir remplir ce vide par plusieurs lettres de Chapelain à Colbert, dont il était singulièrement aimé, et qui ne seront point inutiles pour l'histoire du grand siècle (1).

PREMIÈRE LETTRE.

« Monsieur,

» La confiance que vos faveurs, et ma passion pour vostre service m'ont fait avoir en l'honneur de vostre bienveillance, m'a peut-estre rendu plus négligent que je ne devais dans la sollicitation de mes petits interests auprès de vous. Je n'en ai pourtant usé de la sorte que par le respect que j'ay porté à la multitude et à l'importance de vos af-

---

(1) Ce fut le 1ᵉʳ juillet 1684 que Boileau fut reçu à l'Académie française, et non pas le 3 du même mois, comme le dit Saint-Marc dans son édition des OEuvres de ce poëte, Paris, 1747. On n'a point corrigé cette erreur de date dans l'édition stéréotype d'Herhan, Paris 1809, tome 2, pag. 225. Il suffit pour cela de consulter les registres de l'Académie française où sa réception se trouve datée positivement du 1ᵉʳ juillet. Dans le procès-verbal de cette séance, on voit qu'après le discours de remercîment du récipiendaire, Boyer lut quatre sonnets; que Leclerc en lut un autre, et qu'à Benserade, qui lut la traduction de deux Psaumes, succéda La Fontaine qui lut une fable.

C'était à l'Académie des Inscriptions que Boileau disputait si fréquemment contre Charpentier, et non pas à l'Académie française, où Boileau n'assista que très-peu.

faires. et pour suyvre mon ancienne coustume, de ne vous importuner de mes lettres que pour vous remercier de vos graces et pour me resjouïr de vos prospérités, me remettant du reste aux offices de monsieur vostre frère, lors que j'avois besoin de les implorer. Que si je l'espargne aujourd'huy et me rends office moy-mesme, ce n'est pas que je ne sois persuadé qu'il ne m'a non plus manqué en cette occasion qu'aux précédentes; mais comme il est plus accablé que jamais de ses occupations jay creu ne le devoir pas obliger a la recharge, et me suis résolu de vous demander vos assistances de mon chef. Je vous supplie donc tres humblement, Monsieur, de vouloir interposer vostre authorité pour me faire payer par la succession de nostre magnanime bienfaiteur au moins de la dernière année de cette pension de quinze cens livres qu'il luy plut de me faire establir par le Roi sur sa propre abbaïc de Corbie. Vous estes l'un des exécuteurs de son testament et celuy de tous, dont le tesmoignage sera le plus authentique touchant les favorables sentimens de Son Eminence pour moy et la fidélité qu'elle avoit reconnüe en moy pour sa gloire. J'attens de vous, Monsieur, tout le bien qui m'en doit revenir et je n'en prétens estre obligé qu'à vostre générosité seule, laquelle l'espreuve du passé m'assure que je ne trouveray pas à dire à l'avenir, d'autant plus que vous n'ignorés pas que de mon costé je suis à vous à toute espreuve. C'est, Monsieur, sur cette mesme assurance que je vous conjure de vouloir prendre la peine d'informer Monseigneur le conte et madame la contesse par les voyes que vous trouverés à propos de cette pension que j'ay sur l'abbaïe de Corbie, et de vouloir porter Leurs Altesses à qui ce grand bénéfice est escheu à me faire traitter par les Ss intendans et trésoriers avec la mesme bonne grace que je l'ay esté par les ordres de Son Eminence et par les vostres afin que j'aye le mesme sujet de me loüer de Leurs AA. que je l'ay eu de Son Em^{ce} et de vous. Vous voyés, Monsieur, de quelle importance m'est ce second office que je vous demande, et qui va à me faire jouïr sans embarras de la plus essentielle partie de ma subsistance; ce qui me fait recourir à vostre protection et à vostre crédit, n'ayant aucun autre moyen de me rendre ce bien effectif. Je n'ay garde de croire que vous receviés ma priere comme une chose indifférente, et que vous ne preniés plaisir en l'appuyant de me confirmer par ce dernier bienfait dans vostre éternelle dépendance. En attendant ces deux effets de vostre généreuse amitié, je vous protesteray encore icy que vous ne scauriés honnorer personne de vos faveurs qui soit plus que moy,

» Monsieur,

» Vostre tres humble et très obéissant serviteur

» Chapelain.

« De Paris ce 14 juillet 1661.

« A monsieur monsieur Colbert con^{er} du Roy en tous ses conseils et intendant de ses finances. «

DEUXIÈME LETTRE.

» Monsieur,

» J'ay creu n'abuser gueres de vostre loysir en vous envoyant l'extrait d'une lettre que m'a escrité d'Espagne ce gentilhomme allemand à qui je fis traduire les pièces qui regardent le commerce, et qu'il a publiées en sa langue sous vostre aveu, honnorant son travail de l'éloge du Roy et de l'addresse qu'il a jugé vous en devoir faire. Cet extrait, Monsieur, pourra vous plaire par l'endroit où il m'assure qu'il ne se lasse point de publier en tous les lieux où il passe, sur tout dans les estats du Roy d'Espagne, la libérale magnanimité du Roy envers les gens de lettres sans faire différence de ses sujets d'avec les étrangers. Vous vous y trouverés aussi, Monsieur, pour la grande part que vous avés à cette munificence si extraordinaire, dans des termes qui ne sont pas indignes du soin que vous en avés pris. Entre autres choses vous y verrés l'estonnement qu'en ont tesmoigné ces peuples jusques à avoir peine d'y adjouster foy, tant l'action leur en semblait au dessus de ce qui s'est jamais pratiqué en semblable matière. J'ay consideré cela, Monsieur, comme un bonheur d'avoir rencontré un sçavant homme desinteressé et non suspect de partialité qui d'office voulant estre, en des païs où nous ne sommes pas aimés, la trompette de la gloire de Sa M^{té} et de vos si justes louanges. Il parcourra toute l'Espagne, et les y repandra avec courage, et fidélité, et au moins à son retour nous rendra conte du succès qu'elles y auront eu. Je l'attends avec impatience et suis avec mon respect et ma passion ordinaires,

» Monsieur,

» Vostre très humble et très obéissant serviteur

» Chapelain.

« Ce 17 may 1663. »

Script. Murciæ, feria 2 Paschatos.

» Operæ prætium judicavi, hisce includere Hispanorum judicia quædam astronomica circa cometæ aspectum, ut habeas amplam ob hominum ineptias ridendi materiem. Adeo alte insedit animis illorum melioris litteraturæ ignorantia: atque profecto solide eruditum nullum adhuc reperire licuit, etsi in talibus pervestigandis manibus pedibusque laboro, atque barbaros e regnis hisce ejectos dicas, mores autem incultos illorum non item.

» Quoy que cet article eust pu estre obmis, j'ay pensé néantmoins que je le devois mettre pour vous justifier, Monsieur, ce que je vous fis voir il y a deux ans dans une lettre de Madrit quelle estoit la profonde ignorance de cette nation, et combien elle s'estoit rendue par la indigne des graces de Sa M^{té}.

Il poursuit :

Festivum est, quod Tarraconæ mihi accidit. Inhærebam veteri alicui lapidi, parieti nescio cujus domus immisso, ejusque inscriptionem in pugillares notabam. Tum derepente ingens hominum cætus ex variis ordinibus me circumdat, frementium et male mihi ominantium, quod explorator ego ædificiorum caperem mensuras, neque acquiescere volebant cum ostenderem, sola verba a me describi : sed insuper opus erat, serio testari, esse me Germanum origine, haud quaquam autem e Gallorum gente.

» Je n'ay pas encore voulu supprimer cet autre article par ce qu'il marquoit combien ces peuples nous craignent et sont mal disposés pour nous. Mais voicy celuy qui vous plaira davantage et que je ne devois point absolument vous laisser ignorer :

» Deprædico ubivis (quod me decet) Christianissimi regis inauditam ergo litteratos liberalitatem, summi ejus ministri, qui istud consilium suggessit, divinum genium, et suum in seligendis utriusque munificentiæ dignos candidatos sapiens judicium. Multi dum hæc audiunt stupent, multi loquenti fidem haud porrigunt, multi intra sese quædam mussitant et cruciantur, nihil se reperire quo tantæ virtutis decus imminuant.

» Voilà, Monsieur, le plus noble effet que vous ayés souhaité des faveurs de Sa M^{té} aux païs estrangers, et principalement dans celuy où elle est le plus enviée. »

TROISIÈME LETTRE.

« Monsieur,

» Je me tiens heureux de ne m'estre pas trompé dans la créance que ce que me mandoit d'Espagne M. Vaghenseil ne vous seroit pas désagréable, et que vostre singuliere modestie n'y seroit pas choquée des sentimens avantageux qu'il y tesmoigne avoir de vostre vertu. Je vous puis au moins assurer, Monsieur, qu'ils sont tout à fait purs et désinteressés, et qu'il les a emportés de France sans avoir la moindre pensée qu'ils luy deussent jamais estre utiles. C'est ce qui rendra sa surprise d'autant plus grande lors qu'il apprendra à son retour la grace que le Roy a résolu de luy faire sur les bons offices qu'il vous a pleu de luy rendre si généreusement auprès de Sa M^{té}. Comme il court l'Espagne plustost qu'il ny voyage, il seroit inutile, Monsieur, de luy envoyer la gratification en ce païs là, laquelle périroit entre les mains des banquiers à qui on l'auroit addressée. Je ne luy fais point mesme de response faute de scavoir ou mes lettres le pourroient trouver. A son retour, il me fera d'exactes relations des dispositions de cette cour, et d'autant plus seures qu'estant Allemand, il y sera moins suspect et aura moyen d'estre mieux informé. Je l'attens vers le commencement d'Aoust. C'est ce que je devois vous dire pour satisfaire au commandement que vous m'avés fait de vous en expliquer ma pensée.

» Comme je suis attentif à entretenir tous les gratifiés de ma connoissance dans la volonté d'honnorer le Roy par leurs ouvrages, M. Vossius celuy de l'Alcoran me respond ces paroles aux dernieres que je luy escrivois pour cela :

» Varia habeo aut jam parata aut brevi perficienda quæ prelo subjicere decrevi, sed nescio an digna videbuntur, quæ tanto regi offerantur. Est inter ea scriptum quoddam, minutum quidem sed tamen novum, et certis nixum documentis, *de ortu Nili*, a quo libenter velim obsequium meum auspicari, donec alia majoris habeam voluminis, quibus plenius cultum et observantiam liceat mihi testari. »

QUATRIÈME LETTRE.

» Monsieur

» Ce n'est que pour accompagner la lettre que je viens de recevoir de Monsr Vossius pour vous et qu'il n'a pas voulu tarder un moment à escrire apres avoir touché la nouvelle grace dont S M^{té} l'a honoré par vostre entremise. Il s'expliquera tout seul de son ressentiment Monsr Huggens viendra luy mesme vous tesmoigner le sien, et les autres estrangers s'acquiteront du mesme devoir aux temps proportionnés a la distance de leurs demeures.

» On vous aura rendu Monsieur, deux Epigrammes latines lune pour le frontispice du Louvre et l'autre pour vous que vous envoya la semaine precedente, en attendant une Ode françois dune personne de qualité pour le Roy, celuy qui vivra et mourra avec une passion egalement ardente

» Monsieur
» Votre tres humble et tres obéiss serviteur
» CHAPELAIN.
« Septembre 1665. »

Des circonstances particulières déterminèrent Boileau à vendre sa maison à le Verrier; lequel la céda au fameux oculiste Gendron, médecin du duc d'Orléans, et qui, parvenu à un âge avancé, s'y retira, se vouant au soulagement des pauvres, auxquels il donnait des secours de toute espèce.

On raconte que Voltaire, visitant cette retraite, pour la première fois, y fit l'impromptu suivant :

« C'est ici le vrai Parnasse
Des vrais enfans d'Apollon :
Sous le nom de *Boileau*, ces lieux virent *Horace*;
Esculape y parait sous celui de *Gendron.* »

Cependant, jusqu'à ce jour, ces vers n'ont point été compris dans les éditions de ses œuvres depuis sa mort, attendu qu'il les avait désavoués comme on peut le voir dans les notes de son *Dialogue de Pégase et du*

T.2.p.

Monsieur

ce n'est que pour accompagner la lettre que je viens de recevoir de Mons.r Vossius pour vous, et qu'il n'a pas voulu tarder un moment à escrire apres avoir touché la nouuelle grace dont S.M.té l'a honnoré par vostre entremise. Il s'expliquera tout seul de son ressentiment Mons.r Huggens viendra luy mesme vous tesmoigner le sien, et les autres Estrangers s'acquiteront du mesme deuoir aux temps proportionnés a la distance de leurs demeures. On vous aura rendu Monsieur, deux Epigrammes Latines l'une pour le Frontispice du Louure et l'autre pour vous que vous

envoya la semaine precedent, en attendant
vne Ode Françoise d'vne Personne de qualité
pour Ce Roy, celuy qui vivra et mourra
auec vne passion egalement ardente

Monsieur
    Vostre treshumble et tresobeiss.
    seruiteur Chapelain

Vieillard. Mais les rédacteurs du catalogue de la bibliothèque de Gendron, dans la notice qu'ils ont mise en tête, rapportent ces vers et les donnent comme étant de Voltaire.

Des savans de toutes les nations qui allaient voir ce médecin, aussi recommandable par ses talens que par ses mœurs, l'y virent mourir le 3 septembre 1750, âgé de quatre-vingt-sept ans. Aujourd'hui, c'est mad^e Foster qui est propriétaire de cette maison.

Celle qu'habitait Molière et qui se trouve pour ainsi dire derrière l'église, est habitée maintenant par M. de Choiseul-Praslin. C'est là que l'inimitable peintre des mœurs esquissait ses comiques portraits, et s'égayait avec son ami Chapelle et le fameux musicien Charpentier.

Revenant un jour d'Auteuil avec ce dernier, Molière fit l'aumône à un pauvre, qui, un instant après, arrêta la voiture en disant : *Monsieur, vous n'avez pas eu dessein de me donner une pièce d'or; la voici.* — « Où la vertu va-t-elle se nicher, s'écria Molière ? Tiens, mon ami, en voilà une autre. »

L'admiration de ce beau sentiment chez

le pauvre aurait moins surpris Molière aujourd'hui que le premier corps littéraire de la France est investi de l'honneur insigne de décerner le prix de vertu fondé en 1782, par M. de Montyon, et remis en vigueur le 4 novembre 1818, et qui doit être toujours donné à une personne prise dans la classe du peuple la plus ordinaire (1).

Comme tous les écrivains nous ont présenté Molière, fils d'un valet-de-chambre tapissier du Roi, charge alors honorable, et qu'il ne faut pas confondre avec le simple métier de tapissier, puisqu'elle consistait à ordonner l'ameublement des maisons royales, je me suis livré à des recherches qui n'ont pas été infructueuses. J'ai acquis la certitude que cinq de ses parens avaient été juges et consuls de la ville de Paris, fonctions considérables dont il n'est point sans exemple que plusieurs n'aient obtenu des lettres de noblesse.

Voici de quelle manière j'ai trouvé les noms des différens membres de la famille de Molière, dans un manuscrit de nos établis-

---

(1) On a la satisfaction de voir que ce prix ne manque pas de concurrens.

semens littéraires, par F. R. Léonard. A. D. J. 1701 :

En 1647—Robert Poquelin, du corps de la Mercerie.

En 1661—Louis Poquelin, Mercier.

En 1663—Robert Poquelin, l'aîné, Mercier.

En 1668—Guy Poquelin, Drapier.

En 1685—Pierre Poquelin, Mercier.

Dans le même manuscrit, qui m'a été confié par M. Petit Radel, se trouve aussi une note sur l'origine de l'institution des juges et consuls (aujourd'hui tribunal du commerce), qu'on ne sera peut-être point fâché de connaître et que voici :

« Juges-consuls, ou juridiction consulaire. »

» Le roi Charles IXe estant un jour d'esté dans la grand-chambre du parlem^t de Paris, et du lieu où il estoit retiré pour n'estre pas vû, ayant ouï prononcer sur un différent, qui estoit entre deux marchands qu'on renvoya hors de cour et sans disputer aprez avoir consumé dans une poursuite de dix ou douze années le plus liquide de leur bien, ce prince fut si touché de voir que les longueurs de chicane en ruinant les marchands détruisoient le commerce, qu'il fit un édit au mois d'octobre 1565 (d'autres disent que ces juges consuls furent érigez en 1563) par lequel il érigea dans les principales villes de son royaume des juridictions particulières de juges-consuls, tiré du corps des marchands, ou l'on put décider promptement les différens qui arrivent sur le commerce. ».

Un des plus grands hommes que la magistrature ait jamais eus, le chancelier d'Aguesseau, avait aussi une maison à Auteuil, où son épouse, Anne d'Ormesson, mourut en 1735. Seize ans après, l'illustre magistrat terminant sa carrière à Paris, ordonna qu'on l'inhumât près de son épouse. Alors son corps fut porté dans le cimetière d'Auteuil. Mais deux ans après cette cérémonie, MM. d'Aguesseau firent transporter les cendres de leurs parens en face de la porte de l'église, où un nouveau mausolée fut érigé; et Louis XV, pour attester à la postérité sa munificence, prit soin d'embellir le monument de ces deux époux en donnant lui-même le marbre nécessaire.

Une pyramide qui supporte un globe au-dessus duquel est une croix de cuivre doré, fut assise sur une base de marbre de couleur différente, sur laquelle on lit entr'autres inscriptions les deux suivantes :

» LA NATURE
NE FAIT QUE PRÊTER
LES GRANDS HOMMES
A LA TERRE.
ILS S'ÉLÈVENT, BRILLENT,
DISPARAISSENT. LEUR EXEMPLE
ET LEURS OUVRAGES RESTENT.

———

CHRISTO SERVATORI
SPEI CREDENTIUM
IN QUO CREDIDERUNT ET SPERAVERUNT
HENRICUS FRANCISCUS D'AGUESSEAU,
GALLIARUM CANCELLARIUS,
ET ANNA LE FEVRE D'ORMESSON,
EJUS CONJUX.
EORUM LIBERI,
JUXTA UTRIUSQUE PARENTIS EXUVIAS,
HANC CRUCEM
DEDICAVERE
ANNO REPARATÆ SALUTIS
M. D. CC. LIII.

Une dame dont le nom rappelle le souvenir d'un homme célèbre, madame Helvétius, après la mort de son époux, vint fixer sa demeure à Auteuil. C'est là, qu'entourée des premiers hommes du siècle qui venaient lui rendre leurs hommages, elle termina ses jours le 13 août 1800, dans les bras du fameux médecin Cabanis. L'on raconte que tous les bons citoyens dont elle était l'amie, tous les pauvres dont elle fut la bienfaitrice, assistèrent à son convoi.

Parmi les mausolées qu'on voit aujourd'hui dans l'église de ce village, on remarque celui qui est dû au ciseau de M. Debay, l'un des sculpteurs qui honorent notre école, et sur lequel on lit :

» A Caroline Blanche Rousseau,
née a Paris le 9 juin 1786,
morte le 8 octobre 1817.
Monument
élevé a la mémoire de sa piété,
de sa tendresse pour sa famille
et de sa charité pour les pauvres,
par son époux,
E^tenne N^s L^uis Ternaux.
Requiescat in pace. »

Je quitte Auteuil, et en dix minutes j'entre dans le village de Passy, situé en partie sur le sommet d'une colline qui borde le cours de la Seine, et qui offre un point de vue magnifique. Son voisinage de la capitale, l'air pur qu'on y respire, ainsi que les jolies maisons et les eaux minérales qu'on distingue en ancienne et nouvelle sources, célèbres dans la médecine, rendent ce séjour un des plus agréables que l'on puisse habiter.

Des titres du 13e siècle nous le font connaître sous le nom de *Paciacum*, mot dérivé de la langue celtique; mais ce n'était à cette époque qu'un tout petit hameau dépendant de la paroisse d'Auteuil. Il ne s'augmenta guère que vers la fin du 16e siècle. Alors on érigea une petite chapelle sous l'invocation de Notre-Dame de Grâce, en y établissant plus tard une cure (1). Cette érection fut consommée en 1672; et quelques années après, la cure fut affectée aux Barnabites de Paris (2). Ces Religieux y établirent un couvent

---

(1) Cette chapelle fut agrandie par deux bas-côtés successivement. Le dernier date de 1773.

(2) Antoine-Marie Zacharie, Barthélemi Ferrari et Jacques Morgia, jetèrent les fondemens de la congrégation des Barnabites à Milan, vers 1530. Ce n'est que parce qu'ils obtinrent l'église de Saint-Barnabé, qu'on les appela *Barnabites*. Ce fut en 1608 que Henri IV les fit venir en France. Leur véritable institut était de prêcher et d'instruire la jeunesse. Parmi les grands hommes qu'ils ont fournis, on doit compter le fameux père Nicéron.

dans une maison que le dépit fit vendre presque pour rien, et voici à quelle occasion :

On rapporte qu'un procureur,
Homme plein de délicatesse,
D'une affaire étant défenseur,
Se vit vaincu par mal-adresse.
Alors, furieux à l'excès
De la perte de son procès,
Le client, pour tirer vengeance
De son inepte rapporteur,
Met en jeu toute sa science.
Il apprend que, pour son bonheur,
L'avocat, riche personnage,
Fait élever en ce village
Une somptueuse maison,
D'où l'œil enchanté se promène
Sur les rivages de la Seine,
Et puis se perd dans l'horizon.
Notre homme à l'instant s'y transporte,
Il achète un enclos voisin,
Et fait bâtir de telle sorte,
Que l'avocat ne voit plus rien.
Ne pouvant plus de ses fenêtres
Jouir de l'aspect gracieux
Des sites rians et champêtres,
Qu'un vaste mur cache à ses yeux,
Par cette niche inattendue,
Soudain sa maison est vendue
Aux Barnabites de ces lieux.

Le couvent et l'enclos furent aliénés dans la révolution à différens particuliers, ainsi que l'ancien cimetière (1), qui appartient aujourd'hui à madame Gauthier-Delessert, où se trouvent entr'autres monumens celui qui renferme les cendres du rival de Gluck, le célèbre Piccini, sur lequel on lit :

« ICI
REPOSE PICCINI,
MAITRE-DE-CHAPELLE NAPOLITAIN.
GÉNIE FÉCOND, VARIÉ, CRÉATEUR,
CÉLÈBRE
EN ITALIE,
EN FRANCE,
EN EUROPE,
CHER AUX ARTS ET A L'AMITIÉ,
NÉ A BARI, DANS L'ÉTAT DE NAPLES,
EN 1728,
MORT A PASSY LE 17 FLORÉAL AN VIII DE LA R. F.
7 MAI 1800.

Une femme d'un certain âge, au fait des traditions du pays, s'apercevant que je pre-

---

(1) Je dois dire ici qu'il n'a été vendu que parce qu'il était trop petit, et pour en acheter un plus spacieux avec l'argent du produit de la vente. On ne doit point douter, je pense, que des précautions n'aient été prises pour que le propriétaire actuel ou ses héritiers, n'insultent jamais aux cendres des personnes qui y reposent.

nais des notes : « Monsieur, me dit-elle, Piccini n'est pas le seul homme célèbre de notre temps qui ait habité Passy. J'y ai vu le fameux Francklin, puis l'abbé Raynal y finir ses jours; et le vénérable abbé Gérard, dans des temps de désolation, en nous donnant l'exemple de la résignation, se vit chérir de tous les habitans. Avant d'avoir obtenu une récompense de l'Etat, il vivait dans la rue Basse, n° 26, chez une sœur à laquelle il ne restait pour tout bien qu'une rente viagère de 400 l. Leur détresse était si grande que leurs anciens domestiques les servaient par attachement, et travaillaient jour et nuit pour les faire exister. »

A peine sorti de Passy, je me trouve dans Chaillot (1), érigé en faubourg de Paris, vers 1659, sous le nom de *faubourg de la Conférence*. Mais son premier nom lui est resté, et la barrière, élevée sur les bords de

---

(1) En latin *Calleolus*. Ce nom ne pourrait-il pas venir du mot *callis*, montée, *sentier étroit?* ou bien de *chail*, qui, dans le 14ᵉ siècle, signifiait abatis d'arbres. Alors on pourrait croire que ce lieu aura été couvert d'arbres, qu'on aura abattus pour y construire des maisons, et qu'on aura appelé *Chailleau*, et enfin *Chaillot*.

la Seine, a seule conservé la nouvelle dénomination.

Ce n'est qu'à la fin du 11ᵉ siècle qu'il est question de ce village, qui fut donné à cette époque au prieuré de St.-Martin-des-Champs; et dès le siècle suivant, on y établit une cure, dont Saint-Pierre est le patron; raison pour laquelle on voit sur le banc d'œuvre et sur la chaire un écusson surmonté de la tiare, ainsi que les attributs du Saint.

Quoique l'église ait été rebâtie, le chœur porte des marques d'antiquité. On voit, par des titres, que la seigneurie appartenait, dès le 12ᵉ siècle, au roi Louis-le-Gros, que l'histoire nous présente aussi juste que vaillant. Mais Louis XI, d'un caractère bien différent, en abandonna le domaine à Philippe de Comines, son fameux chambellan, dont on a des Mémoires estimés.

Henriette de France, reine d'Angleterre, ayant été obligée d'abandonner son royaume, se retira à Chaillot en 1651, dans une maison qu'on lui donna, bâtie à mi-côte par Catherine de Médicis, épouse de Henri II. L'infortunée princesse y établit des Religieuses qu'elle avait amenées avec elle, qui prirent le nom *des Dames de la Visitation Sainte-Marie de*

Chaillot, et adoptèrent les statuts que Saint François de Sales, de concert avec madame de Chantal et Saint Vincent de Paul, avaient donnés à l'ordre de la Visitation.

L'humilité et les bienfaits qui ont acquis une si grande vénération en France à Saint François de Sales, m'engagent à présenter ici une de ses lettres inédites où ses vertus ne se démentent pas.

☩

« Monsr le cure, les parroissiens de vos^e eglise sont venus aux plaintes vers moy, po^r le manqueme^t du service, et mons^r Exertier est venu po^r sen excuser, a raison de certaines dixmes desquelles il dit que vous le frustrés. Et pour les despens desquels ie me retiens de connoistre. Pour tout cela ie desire vous voir icy jeudy prochain affin que sil se peut nous accommodions ces differens a la gloire de Dieu que ie supplie vous assister et suis

» Vos^e confre^e tres aff^{né}

» Franç^s. Ev de Geneve.

« 6. mars 1608. ❧ Rumilly.

« A monsieur le curé d'Heyrier. »

T. 2. p.

+

Monsieur le curé, Les parroissiens de vostre eglise sont
venuz au x plaintes envers moy, pour le manquement
du service, et m'ont esperé [requis] confirmer pour son
[?] a rayson de certaines dixmes desquelles
dict que vous les fusses. et pour les despens
lesquels ie ne refuse de connoistre. Pour tout
cela ie desire vous voir icy lundy proch[ai]n d'am-
fin que s'il se peut nous accommodions
ces differens, a la gloire de Dieu que ie supplie
vous assister. et suis

Vostre confrere tres affectionné
Franç.s E. de Geneve.

6. mars 1608. a Rumilly

A Monsieur le
curé d'Heyrier

L'établissement de la Visitation de Chaillot fut confirmé en 1652; et leur fondatrice vécut au milieu d'elles jusqu'en 1669, époque de sa mort. Quoiqu'elle mourût à Colombes, le cœur de la princesse fut porté dans cette communauté. Vingt-six ans après, ces Religieuses furent autorisées à prendre le nom de *Dames de Chaillot*.

Un rapprochement bien extraordinaire qu'on pourrait taxer de roman, si l'on n'en avait des preuves authentiques, c'est que le roi Jacques II, fils de Henriette, contraint aussi de se réfugier en France, étant mort à Saint-Germain-en-Laye, son cœur fut placé près de celui de sa mère. On peut dire même que ce lieu servit de sépulture à toute cette famille, puisqu'en 1712 le cœur de Louise-Marie Stuart, fille de Jacques II, y fut placé, ainsi que les dépouilles de Marie d'Est, épouse du monarque, qui y termina sa carrière en 1718.

Mais un événement non moins digne d'intérêt sans doute, et que je ne passerai point sous silence, c'est que cette même maison fut choisie pour retraite par madame de la Vallière, qui, croyant avoir perdu les bonnes grâces du prince, s'y retira le jour du mardi-gras de 1671, chargeant le maréchal de Bellefonds d'une lettre pour le roi. Le monarque l'envoya chercher dès le lendemain par Colbert, et dès-lors elle fut à la cour mieux que jamais. Néanmoins toujours flottante entre les grandeurs et la simplicité que l'ambition de sa mère lui avait fait perdre, à peine trois années furent écoulées, qu'elle renonça généreusement aux honneurs brillans, et se consacra pour jamais à la vie religieuse dans le couvent des Carmélites, le 20 avril 1674, où, après avoir passé plus de trente-six ans, l'illustre pénitente termina sa carrière le 6 juin 1710 à midi.

Si une plume éloquente a su si bien nous retracer en peu de pages la vie de *Sœur Louise de la Miséricorde*, pourquoi n'a-t-elle pas religieusement conservé la correspondance qu'elle nous a donnée, telle qu'elle devait avoir été écrite.

La lettre inédite que je présente ici, prouvera que celles qu'on a imprimées, ont subi des changemens qui ne peuvent que causer des regrets aux amis des lettres.

Jesus + maria

nostre mere netant pas en etat
de vous faire ses tres humble
remerciment et seux de la comunauté
me charge de le faire et de
vous asseurer que lon ne peut
vous dire a quel point elles
resente toutes les obligations quelle
vous ont en mon particulier
ie vous suplie de croire que
iy suis tres sensible puisque lon
ne peut etre plus ataché
que ie le suis a cette S.te maison

reconestre deuant dieu vos
bontes luy offrant pour
vous et pour toute vostre
maison des prieres tres
feruante fait tout ce que l'on
peut pour vous marquier la
reconessance que l'on a ie
vous suplie monsieur destre
persuade de la mienne et
que toute ma vie ie seray
tres veritablement vostre tres
humble et tres obeisante seruante
fr. louise de la misericorde r c̄ d

Monsieur

« iesus + maria

» Nostre mere (1) netant pas en etat de vous faire ses tres humble remersiment et seux de la comunaute me charge de le faire et de vous asseurer que lon ne peut vous dire a quel point elles resente toutes les obligations quelle vous ont En mon particuliere ie vous suplie de croire que iy suis tres sensible puisque lon ne peut estre plus atachee que ie le suis a sette S^{te} maison nous tacherons toute a reconestre devant Dieu vos bontes luy offrant pour vous et pour toute vostre maison des prieres tres fervante sest tout se que lon peut pour vous marquer la reconessance que lon a ie vous suplie monsieur destre persuade de la mienne et que toute ma vie ie seray tres veritablement vostre tres humble et tres obeisante servante

» Sr Louise de la Misericorde r c ind

» A monsieur monsieur Colbert »

Un second couvent de Religieuses, situé au haut de Chaillot, porta dans l'origine le nom de *Notre-Dame de la Paix*; mais l'ab-

---

(1) La sœur du maréchal de Bellefonds.

« iesus ✛ maria

» Nostre mere (1) netant pas en etat de vous faire ses tres humble remersiment et seux de la comunaute me charge de le faire et de vous asseurer que lon ne peut vous dire a quel point elles resente toutes les obligations quelle vous ont En mon particuliere ie vous suplie de croire que iy suis tres sensible puisque lon ne peut estre plus atachee que ie le suis a sette S^{te} maison nous tacherons toute a reconestre devant Dieu vos bontes luy offrant pour vous et pour toute vostre maison des prieres tres fervante sest tout se que lon peut pour vous marquer la reconessance que lon a ie vous suplie monsieur destre persuade de la mienne et que toute ma vie ie seray tres veritablement vostre tres humble et tres obeisante servante

» Sr LOUISE DE LA MISERICORDE r c ind

» A monsieur monsieur Colbert »

Un second couvent de Religieuses, situé au haut de Chaillot, porta dans l'origine le nom de *Notre-Dame de la Paix*; mais l'ab-

---

(1) La sœur du maréchal de Bellefonds.

« iesus + maria

» Nostre mere (1) netant pas en etat de vous faire ses tres humbles remersiment et seux de la comunaute me charge de le faire et de vous asseurer que lon ne peut vous dire a quel point elles resente toutes les obligations quelle vous ont En mon particuliere ie vous suplie de croire que iy suis tres sensible puisque lon ne peut estre plus atachee que ie le suis a sette S^{te} maison nous tacherons toute a reconestre devant Dieu vos bontes luy offrant pour vous et pour toute vostre maison des prieres tres fervante sest tout se que lon peut pour vous marquer la reconessance que lon a ie vous suplie monsieur destre persuade de la mienne et que toute ma vie ie seray tres veritablement vostre tres humble et tres obeisante servante

» Sr Louise de la Misericorde r c ind

» A monsieur monsieur Colbert »

Un second couvent de Religieuses, situé au haut de Chaillot, porta dans l'origine le nom de *Notre-Dame de la Paix* ; mais l'ab-

---

(1) La sœur du maréchal de Bellefonds.

baye de Sainte-Perrine de la Villette, ayant été réunie à cette maison en 1746, ces dames, chanoinesses de l'ordre de Saint-Augustin, conservèrent la dernière dénomination. Aujourd'hui, cette maison est consacrée à un hospice.

Enfin, à l'extrémité de Chaillot était encore le couvent des Minimes, appelé communément *les Bons-Hommes*, parce que les courtisans de Louis XI avaient appelé leur fondateur *le bon-homme*. Le lieu où le couvent était situé, s'appelait *Nigeon*, du latin *Nigio*. Ce fut la reine Anne de Bretagne, épouse de Charles VIII, à qui appartenait cette maison, qui y établit ces religieux, en leur faisant construire une église sous le titre de *Notre-Dame de toute grâce*, qu'on ne vit entièrement achevée que sous François 1er. Parmi les personnages qui y furent inhumés, on remarquait l'épouse du fameux Antoine Duprat, le maréchal de France comte de Rantzau, et François Alesso, neveu de Saint François de Paule, fondateur des Minimes, qui vint en France à la sollicitation de Louis XI, dangereusement malade alors, et que le Saint exhorta à remplir religieusement les derniers momens de sa vie.

Au bas de Chaillot est la machine hydraulique très-curieuse, due aux frères Perrier, connue sous le nom de *pompe à feu*, qui fournit l'eau de la Seine à une très-grande partie des fontaines de Paris.

Sur la même ligne se trouve aussi un établissement consacré, dans l'origine, à une fabrique de savon, qui devint, au 17e siècle, une manufacture royale de tapis, et qu'on vit dans son plus grand éclat de perfection, sous le ministère de Colbert. L'inscription suivante est placée sur la porte :

« MANUFACTURE ROYALE DES TAPIS
ET MEUBLES DE LA COURONNE,
DITE LA SAVONNERIE, FONDÉE
PAR HENRI IV EN 1604. »

Mais, si j'ai cru devoir rappeler les divers établissemens qui furent érigés jadis à Chaillot, je me crois aussi dans l'obligation de rajeunir dans la mémoire le souvenir du président Jeannin, qui posséda une maison en ce lieu, ainsi que Mézeray.

Deux lettres inédites de cet historiographe à Colbert, ne seront pas sans intérêt pour l'histoire de la littérature :

PREMIÈRE LETTRE.

« Monseigneur,

» Oserayie vous reiterer par cete seconde lettre les mesmes prieres que jay desia pris la hardyesse de vous faire par ma premiere, dont voicy les mesmes termes. Ce que m'a dit Mr Perrault de vostre part a esté un terrible coup de foudre quy m'a rendu tout à fait jmmobile et qui m'a osté tout sentiment hors mis celuy d'une extresme douleur de vous avoir desplû. Ma seule esperance est Monseigneur, que Dieu vous ayant rendu vostre santé vous ne me defendrez pas aujourd'hui de prendre part à la resiouissauce publique; et que pendant cete satisfaction universelle des gents de bien, vous ne voudrez pas que je sois le seul quy demeure dans une tristesse mortelle. Permettez moy donc, s'il vous plaist, Monseigneur, dans cete heureuse conjoncture, d'jmplorer le secours de vostre genereuse bouté; je la supplie tres humblement d'jnterceder pour moy aupres de vous, et de m'obtenir ma grace, que je vous demande avec une entiere sousmission et un tres profond respect. Je ne prétends point, Monseigneur, justifier mes manquements autrement qu'en les reparant et en justifiant la rectitude de mes intentions par une prompte et sincère obeissance. Ce quy me sera d'autant plus facile, qu'une seconde édition de mon ouvrage, estant augmentée de plus de trois cents articles, et d'un très grand nombre de choses aussy utiles que rares et curieuses, effacera et aneantira bientost la premiere, car, comme le scavent ceux quy entendent le commerce des livres, c'est une experience infaillible que les impressions postérieures, quand elles se font du vivant des auteurs et quelles sont plus amples et plus correctes, font périr tout à fait les précédentes, ensorte qu'on n'en tient plus compte, et que mesme on n'en voit plus du tout. C'est dans cete disposition, Monseigneur, que j'ay prié Mʳ Perrault de vous assürer que je suis prest a passer l'esponge sur tous les endroits que vous jugerez dignes de censure dans mon livre; et de vous protester en mesme temps, que je veux employer tous mes efforts et si peu de talent que Dieu m'a donné pour faire connoistre à toute la terre que vous n'avez jamais fait de creature quy soit à vous par un attachement plus veritable, ny quy puisse avoir plus de passion et plus de zèle pour tout ce quy vous touche qu'en aura jusqu'au dernier soupir de sa vie,

Monseigneur,

» Vostre très humble, très obéissant et tres acquis serviteur,

» MEZERAY.

« Ce dernier de janvier 1669. »

SECONDE LETTRE.

« MONSEIGNEUR

» Je vous rends tres humbles graces de l'ordonnance de deux mille livres qu'il vous a plu m'envoyer. Je l'ay receue avec le mesme respect et avec la mesme reconnoissance, que si elle eust esté entiere et telle que feu monseig.^{r} le cardinal me l'avoit obtenue du Roy, et que vous mesme, Monseigneur, aviez eu la bonté de me faire continuer durant plusieurs annees. Mais Je vous advoüeray franchement, Monseigneur, que J'ay suiet de craindre qu'on ne m'ayt encore jmputé quelque nouvelle faute, et que ce retran-

Monseigneur

Je vous rends tres humbles graces de l'ordonnance de deux mille Liures qu'il vous a pLu m'enuoyer. Je L'ay receue auec Le mesme respect & auec La mesme recounoissance, que si elle eust esté entiere & telle que feu Monseyr Le Cardinal me L'auoit obtenue du Roy, & que vous mesme, Monseigneur auiez eu La bonté de me faire continuer durant pLusieurs annees. Mais Je vous auoueray franchement, Monseigneur, que J'ay suiet de craindre qu'on ne m'ayt encore jmputé queLque nouuelle faute, & que ce retranchement n'en soit vne punition. Si J'en pouuois auoir conoissance, Je me metrois en deuoir ou de m'en Justifier, ou de La reparer selon vos ordres. Je m'examine pour cet effet a La derniere rigueur Je cherche jusqu'au fonds de mon ame, Et ma conscience ne me reproche rien. Je trauaille Monseigneur selon vos jntentions & selon Les regles que vous m'auez prescrites. J'ai te-

mes fueilles a mr perrault, J'aduance le tra
uail autant qu'il est possible; Ainsy Monseigneur
Je ne puis trouuer d'autre cause de ma diminution que mon peu de merite: mais la ge
nerosité du plus grand des Rois, & la faueur
de vostre protection, peuuent bien encore sup-
pleer a ce defaut comme elles y ont suppleé
Jusqu'a l'année presente. C'est auec cete espe
rance, Monseigneur, que ie prens la hardiesse
d'auoir recours a vostre Bonté, toujours si fauo-
rable aux gents de lettres, & aux creatures
de feu Monsgr le Cardinal dont la memoire
vous est si chere. Ne retranchez pas, s'il vous
plaist vne partie de vos graces a vne personne
quj perdroit plustost la vie, que de rien diminuer
du zele qu'il a pour vostre seruice, & de l'atta
chement jnuiolable, auec lequel il fait gloire
d'estre

Monseigneur
De VG

        Le Treshumble, tresobeyssant
        & tresobligé Seruiteur
        Mezeray Historiographe

De paris ce 16

chement n'en soit une punition. Si Jen] ouvois avoir connoissance, Je me metrois en devoir ou de m'en Justifier, ou de la reparer selon vos ordres. Je m'examine pour cet effet a la derniere rigueur Je cherche jusqu'au fonds de mon ame, et ma conscience ne me reproche rien. Je travaille Monseigneur selon vos intentions et selon les regles que vous m'avez prescrites. Je porte mes fueilles à Mr Perrault, Jadvance le travail autant qu'il est possible; ainsy Monseigneur, je ne puis trouver dautre cause de ma diminution que mon peu de merite : mais la generosite du plus grand des Rois, et la faveur de vostre protection, peuvent bien encore supleer a ce defaut comme elles y ont suplee jusqu'a lannee presente. Cest avec cete esperance, Monseigneur, que je prens la hardiesse d'avoir recours a vostre bonté, toujours si favorable aux gents de lettres, et aux creatures de feu monseig^r le cardinal dont la memoire vous est si chere Ne retranchez pas, sil vous plaist une partie de vos graces a une personne qui perdroit plustost la vie, que de rien diminuer du zele quil à pour vostre service, et de l'attachement jnviolable, avec lequel il fait gloire d'estre

» Monseigneur

» De V G

» Le tres humble, tres obeissant et tres obligé serviteur

» Mezeray

» Historiographe.

« De Paris ce 16 mars 1672. »

Par un rapprochement assez original, nous avons vu de nos jours Fantin-Desodoards (1), qui employa aussi sa vie à rédiger une nouvelle histoire de France, avoir une maison à Chaillot, rue des Batailles. Je tiens de lui-même, que, moins heureux que son devancier, il fut obligé de vendre sa petite propriété, pour payer l'impression de son ouvrage.

L'ayant vu huit jours avant sa mort, il me parla de ses chagrins, de ses malheurs; et j'écrivis la note suivante sous sa dictée. Je l'offre ici à mes lecteurs, pour rendre hommage à sa mémoire, avec l'assentiment de

---

(1) Ant. Etien. Nicolas Fantin-Desodoards, né au Pont de Beauvoisin, le 26 décembre 1738, mort à Paris le 25 septembre 1820.

la veuve infortunée, sans entrer en discussion sur le plan de ses ouvrages, ni mettre une sévère critique sur les autorités dont il s'est appuyé :

« On me traitait de royaliste sous le régime de la Convention et du Directoire ; sous ce prétexte je fus plusieurs fois sur le point de perdre la vie. On me traitait encore de royaliste sous le régime de Bonaparte ; sous ce prétexte le ministre F* fit saisir mes livres dont l'impression me coûtait quatre-vingt mille francs, et me réduisait à l'indigence. Par quelle fatalité deviendrai-je jacobin aujourd'hui ? De quelle trempe est donc l'arme de la calomnie dont personne ne saurait se défendre ? Mon histoire de la révolution doit me servir de bouclier.

» A l'égard de mon mariage, je le contractai dans les premiers jours de septembre 1792, quand on égorgeait mes confrères dans les prisons. Je le contractai, parce qu'on était venu, durant la nuit du trente août, pour m'arrêter, rue Saint-André-des-Arcs, et me mener aux Carmes, et j'évitai la mort parce que je me trouvais alors à Chaillot chez madame de Château-Morand, que j'ai épousée.

» Mon frère était juge au Tribunal de Cassation. Lui et plusieurs de ses collègues m'assuraient que je ne pouvais éviter de périr qu'en prenant sur-le-champ le parti d'émigrer ou de me marier. Il était impossible d'émigrer alors. Plusieurs prêtres qui avaient pris la fuite, arrêtés aux barrières, venaient d'être égorgés. Je me déterminai à contracter un mariage et à m'établir dans la Cité, où je réside depuis lors.

» Quand il a été possible de recourir à Rome, exposant au Pape les circonstances dans lesquelles j'ai oublié les règles de la discipline ecclésiastique pour sauver ma vie, j'ai obtenu une dispense pontificale, à la charge de ne faire aucune fonction ecclésiastique durant mon mariage, avec l'autorisation de les reprendre si mon épouse vient à mourir avant moi. Je n'ai donc pas abandonné l'état ecclésiastique, l'exercice de cet état est seulement suspendu dans ma personne. »

Je peux dire avec quelque certitude, qu'au moment où ce laborieux écrivain est descendu dans la tombe, il allait recevoir une marque de la munificence royale.

De Chaillot m'acheminant vers Clichy, je

trouve d'abord Mouceaux, situé à l'extrémité du faubourg du Roule.

Quoiqu'il soit parlé de ce lieu dans les Chroniques de Saint-Denis, en 1333, sous les noms de *Monticelli* et *Monticellum* (1), ce ne fut cependant qu'au 16ᵉ siècle que ce hameau acquit quelque importance. A cette époque, on y fonda une chapelle pour servir de succursale à la paroisse de Clichy; et peut-être même, sans les immenses jardins que le duc d'Orléans, duc de Chartres et père de celui d'aujourd'hui, y fit dessiner par Carmontel, jardins auxquels on donna les noms de *Folies de Chartres*, qui inspirèrent si heureusement la muse du Virgile français; peut-être, dis-je, parlerait-on moins de Mouceaux.

Le parc a subi des changemens dans la révolution. Cependant on y voit encore tout ce que l'imagination peut enfanter de merveilleux : des ruines grecques et gothiques, des tombeaux, des obélisques égyptiens, des kiosques, des côteaux et des arbres toujours verts, forment les contrastes les plus

---

(1) Probablement un diminutif de *mons*, *monticulus*, *monticellus* (petit mont).

opposés, et présentent à-la-fois les paysages les plus piquans (1).

Il est peu de ces monumens factices sur lesquels des promeneurs n'aient tracé des sentences et surtout des vers, parmi lesquels j'ai cru déchiffrer les suivans, que le temps commence à ne plus respecter :

> Contre le joug du mariage
> En vain l'on veut armer nos cœurs ;
> Vers les trente ans on devient sage,
> Et chacun de nous à cet âge
> Veut en connaître les douceurs.
>
> Lorsque notre printemps s'envole,
> Lorsque s'envolent nos désirs,
> Un enfant vient... on le cajole,
> Dans notre hiver il nous console
> De la perte de nos plaisirs.
>
> Ennuis, chagrins, mélancolie,
> Je vous dis adieu pour toujours ;
> La raison dans peu me marie,
> Et je vais voir couler ma vie
> Entre l'hymen et les amours.

A côté de ces vers, une autre main a tracé

---

(1) Ces jardins étaient sur le territoire de Mouceaux, mais depuis la construction des murs de clôture de Paris, ce parc se trouve dans l'enceinte des murs de la capitale, et appartient à S. A. S. monseigneur le duc d'Orléans.

ces mots : « Si j'étais sûr d'un tel bonheur, je préférerais le mariage à tous les plaisirs de la vie. » Et plus bas est inscrit :

C'est dans le cœur, et non sur la figure,
Qu'on pourrait voir si l'on s'aimera bien.
Mais c'est un vrai dédale; et, grâce à la nature,
L'homme ici-bas n'est assuré de rien.

Sortant du parc de Mouceaux, un quart-d'heure de route me conduit à Clichy.

Quoique ce village soit fort ancien, ce n'est cependant qu'à dater du règne de Clotaire II, qu'il en est fait mention dans nos annales historiques, sous le nom de *Clippiacum*, dérivé de *clipp*, mot celtique qui signifie, dit-on, le lieu où se retirent les lapins, et dont on a fait sans doute *clapier*. C'est pour cette raison vraisemblablement qu'on lui a donné le surnom de *Clichy la Garenne*, afin de le distinguer de plusieurs autres Clichy.

On ne peut douter que nos premiers Rois n'y aient eu un palais ou du moins une maison royale, puisqu'en lisant la chronique de Frédégaire, on voit que Dagobert y reçut la reine Gomatrude, où il l'épousa en 626. Il est présumable même que Clichy était plein d'agrémens, et que ces deux époux s'y plaisaient beaucoup, puisque leur fils Sigebert y fut baptisé par Saint-Aman, évêque de Maëstricht, après être rentré dans les bonnes grâces du Roi. A cette époque les courtisans, comme il est assez ordinaire, s'y portèrent en foule, et plusieurs d'entre eux, pour être plus à même de faire leur cour au prince, firent bâtir des maisons de plaisance autour de celle du monarque.

Nous devons croire aussi que ce lieu devint d'autant plus important, que des pièces de monnaie furent frappées à Clichy, sous le règne de Dagobert, et que ce fut là qu'il reçut l'hommage de Judicaël, roi des Bretons, auquel il fit des présens. L'église était si ancienne qu'elle tombait en ruines. Le bienfaiteur de l'humanité, l'illustre Saint Vincent de Paul, qui en fut curé, la fit rebâtir, et quoique très-petite, elle ne fut néanmoins entièrement achevée qu'en 1630. Elle est dédiée à Saint Médard et au Saint qui en fut le restaurateur.

La seigneurie de Clichy, comme la plupart de celles des environs de Paris, changea souvent de maîtres. Mais parmi les personñages les plus illustres qui l'ont habité de nos temps modernes, je ne dois pas oublier Philippe de Vendosme, grand-prieur de France, dont voici une lettre au duc de Vendosme, son frère, qui prouvera que malgré le dévoûment de cette famille à la cause du Roi, elle était desservie auprès de sa Majesté, comme il n'arrive que trop souvent peut-être à celles qui avoisinent le trône.

« De Clichy ce 10eme 8bre 1705.

» L'on ne me rendit q'hyer, monsieur, la lettre du 28e du mois passé, que vous m'avez fait l'honneur de m'escrire, en réponse de celle, dont j'avais chargé l'abbé de Chateauneuf, dans laquelle il faut que la fatigue du voyage ayst altéré mes expressions, puisquelles vous ont paru telles, je crains bien aussy que mon pacquet du 2eme de ce mois n'ayst augmenté vostre colere contre moy, qui est cependant trop obligeante pour que je puisse vous en scavoir mauvais gré, puisqu'elle me témoigne l'amitié infinie que vous avez pour moy, et le soin que vous prenez de ma gloire et de m'ayder à soutenir dignement le nom que je porte; j'avois creu ne point manquer à l'un, n'y à l'autre en m'adressant uniquement à M^r le duc du Maine, pour tascher d'obtenir du Roy les reparations convenables à l'affront qu'on vient de me faire ; mais puisque cette conduitte vous paroist basse, et ne pas répondre au party extrême et haut que j'ay pris, et que vous semblés avoir approuvé, par les lettres que vous avez escrittes au Roy et à M^r. de Chamillart, je vous réponds que je me conformeray dans la suitte à la rigueur, à vos volontés et que je ne vous donneray plus d'autre juste sujet de reproche que d'avoir poussé trop loin mes justes ressentiments, car vous pouvez estre seur que jamais mes actions ne terniront ma gloire, n'y ne flétriront le nom que je porte, un courage comme le mien estant au dessus de toutes les adversités : ne demandez donc plus rien pour moy puisque cela n'est pas de vostre goust, mais trouvez bon seulement, que je vous reitere encor instament, ce que je vous ay demandé, dans ma lettre du deux qui est, de témoigner à M. le duc du Maine, et à M. de Chamillart que vous etes content de ma conduitte, que vous partagez l'affront qu'on me vient de faire, et que vous ne scauriez jamais estre des amis de ceux qui me l'ont procuré. Je croy que vous ne scauriez non plus vous dispenser de témoigner vivement à M^{rs} de St Fremont et de Medaien, vostre ressentiment sur les noirceurs qu'il est public qu'ils m'ont faittes. Voilà, monsieur, ce que vous ne scauriez trouver mauvais que j'exige de vostre amitié, puisque je ne vous parle plus que de ce qui regarde vostre gloire et la mienne, que je scauray soutenir jusqu'à la mort avec une fermeté et un désintéressement dignes d'un frère, qui ne cessera jamais de mériter de l'estre : faittes moy donc la grace de me faire une réponse, qui me tranquillise l'esprit, et de croire que je seray toujours heureux, lorsque vous me témoignerez estre content de moy.

» Mille complimens, je vous prie, à Chemeraut, sur qui je conte plus que je ne puis vous le dire.

» PHILIPPES DE VENDOSME. »

La lettre suivante du fameux capitaine, frère de l'opprimé, attestera à la fois combien Colbert servit le grand-prieur et la reconnaissance du duc.

†

« Monsieur

» Les estroittes obligations que je vous ay je les joins a une si grande reconnoissance que je m'estimerois le plus heureux du monde si jamais j'avois lieu de vous en donner des marques Il est certain qu'il est impossible que je puisse estre dans d'autres sentiments aprez tant de soins et de services que je reçois de vostre bonte J'apprends encore qu'en dernier lieu vous avez bien voulu supplier S. M. pour l'accomplissement de l'affaire du grand Prieure mais de quelque consideration que soit ce service je puis vous assurer que vous ne scauriez plus nous devoüer a vous mon frere et moy que nous vous le sommes et a toute vostre maison. Nous sommes dans un estat de crainte et d'esperance pour M^e la duchesse de Chevreuse depuis que par le dernier ordinaire nous avons appris qu'elle avoit la petite verole et nous attendons avec grande impatience lheureux succez de sa maladie Nous esperons partir dicy dans cinq ou six jours et nous y laissons monsieur de Nevers avec madame sa femme Nostre des-

T. 2. p.

+

Monsieur

Ces estroittes obligations que je vous ay je les joins
a une si grande reconnoissance que je m'estimerois
le plus heureux du monde si jamais j'avois lieu
de vous en donner des marques il est certain
qu'il est impossible que je puisse estre dans
d'autres sentiments aprez tant de soins et de
services que je reçois de vostre bonté j'apprend
encore q'uen dernier lieu vous avez bien voulu
supplier S. M. pour l'accomplissement de
l'affaire du grand prieuré mais de quelque
consideration que soit ce service je puis vous
asseurer que vous ne sçauriez plus nous
devoüer a vous mon frere et moy que vous
vous le sommes et a toute vostre maison
nous sommes dans un estat de crainte et
desperance pour Me. la duchesse de
Chevreuse depuis que par le dernier ordinaire
nous avons appris qu'elle avoit la petite verole
et nous attendons avec grande impatience

+

partir dicy dans cinq ou six jours et nous y
tairons monsieur de nevers auec madame sa
femme nostre dessein est d'aller alouette et en
suitte a rome cooyez moy toujours.

Monsieur

Vostre treshumble seruiteur
Louis duc de Vendosme

sein est d'aller a Lorette et en suitte a Rome Croyez moy toujours

» Monsieur

» Vostre tres humble serviteur

» LOUIS DUC DE VENDOSME.

» A Venise ce 17me octobre 1671 ».

Sortant de Clichy je remonte en voiture pour aller à Saint-Ouen, qui doit son nom au Saint mort à Clichy le 24 août de l'an 683.

Ce village, dans une plaine riante qu'arrose la Seine, par plusieurs auteurs, tels que du Breul et Sainte-Marthe, a été confondu avec Clichy-la-Garenne. Il est vrai qu'une inscription trouvée vers 1750, en creusant les fondemens d'une maison que madame Doriac faisait bâtir, a fait penser, que Dagobert y avait une habitation, puisque la pierre carrée qui fut découverte portait en caractères gothiques : *cy estait la maison de Dagobert.* Mais ce monarque qui fit de Saint Ouen son chancelier, ne pouvait-il pas avoir sa maison dans ce lieu, qui aura pris le nom qu'il porte aujourd'hui, lorsque le château et ses dépendances auront été détruites, et par là isolées de Clichy ?

Malgré que les historiens ne nous parlent de ce village qu'à compter de la fin du 13ᵉ siècle, il pourrait très-bien se faire cependant qu'aussitôt après l'excursion des Normands et lorsque la paix fut rendue à l'Etat, ce lieu ait reçu le nom qu'il porte, puisqu'on peut faire remonter le culte rendu au Saint à dater de cette époque.

Quoi qu'il en soit, des historiographes nous assurent qu'en 1285, Guillaume de Crespy y fit bâtir un manoir qui, plus tard, passa à Agnès de Crespy, qui en fit don, en 1299, à Charles de Valois, frère de Philippe-le-Bel, dans lequel mourut son épouse, Catherine de Courtenay, héritière de l'empire de Constantinople. Mais ce fut surtout lorsque cette retraite échut en héritage au Roi Jean, qui, quoique mort en Angleterre, fut inhumé à Saint-Denis, que ce manoir fut embelli, et auquel il donna le nom de la *noble maison*, parce qu'il y institua l'Ordre de l'Etoile.(1). Dans la suite Charles V, qui régna pour le bonheur de son peuple, et Charles VI, qui

---

(1) Ordre aboli par Charles VIII, pour donner plus d'illustration à celui de Saint-Michel, fondé par Louis XI, son père, en 1469.

ne sut point soutenir le poids de sa couronne, affectionnèrent cet asile, où l'on vit Isabeau de Bavière, le duc de Guienne et autres grands personnages, jusqu'à ce que les guerres civiles vinssent détruire la *noble maison*, et mettre en feu tout le royaume. Maintenant on ignore le lieu où elle était placée.

Le château seigneurial bâti en 1660 par Lepautre, pour Mr de la Séglière de Boisfranc, était un édifice aussi remarquable par son heureuse position que par sa construction. C'est-là qu'il donnait des fêtes brillantes, dont la dernière eut lieu en 1679, à laquelle assistèrent les plus grands personnages de la cour. Peu d'années après, la fille de ce seigneur ayant épousé le duc de Gesvres, la demoiselle porta en dot cette terre à son époux, dont je crois devoir présenter ici une lettre, comme un monument peut-être des plus curieux :

« A Paris ce 20 septembre 1677.

» Monsieur

»Me trouvant obligé de randre unne bonne party de largan que mais anfant ont pris de penis quil sont an campane Monsieur cela moblige a vous suplier tres humblemant Monsieur de me faire la grasse de commander Monsieur quant il vous plera que lon me pay la capitenery de Mousaux Monsieur vous asseurant que vous mobligeres fort sansiblemant Monsieur comme ausy de me croire avec toute sorte de respec

» Monsieur

» Vostre tres humble et tres obeissant serviteur

» Le Duc de Gesvres. »

En 1745, ce duc vendit cette propriété à madame de Pompadour, qui embellit le château et agrandit les jardins. Enfin en 1763, il passa au duc de Tresmes. Mais si des spéculateurs mercantiles l'ont détruit aujourd'hui sans nul respect, la postérité dira qu'il existait encore en 1814, puisque ce fut là que le 2 mai S. M. Louis XVIII, après une trop longue absence, se trouva avec toute la cour, et qu'il y reçut les principales autorités de la capitale (1).

---

(1) On assure que ce château va être rebâti : attendons.... mais enfin ce ne sera plus le même édifice, et c'est peut-être

a Paris ce 20 septembre 1677

Monsieur

me trouuant obligé de randre unne bonne party de largan que mais anfans ont pris depuis quil sont an campane monsieur...

T. 2. p.

a paris ce 20 septembre 1677

Monsieur

me trouuant
obligé de randre
unne bonne party
de largan que
mais anfans ont
pris de peurs quil
sont an comman-

mothite a uou
u plie r treshum
mant mon
de me faire
de commande
monsieur quan
il uous plera
que lon me
la ce pite ne
de mouuaux
monsieur

us asseurant que
m'oblige res-
sensiblement
on tour

me auxy de me
= autta touté
de respec

je suis humble
et tres obeissant serviteur
le duc de Aumure

Parmi les maisons qui ont résisté à tant de destructions, qui s'opèrent encore au grand regret des amis de la France, on doit citer celle qui, lors des fouilles dont j'ai déjà parlé, donna lieu de croire que le château de Dagobert fut sur le même emplacement; et, ce qui vient à l'appui de cette idée, c'est qu'un vieillard du pays m'a assuré que lui-même ayant travaillé dans des souterrains, avait trouvé des pavés couverts de fleurs de lis. Elle est située presque sur les bords de la Seine, et appartient à M. Ternaux, manufacturier, qui, rivalisant avec les plus beaux tissus du Levant, y renferme des chèvres du Thibet.

De Saint-Ouen revenant sur mes pas et me dirigeant vers les hauteurs de Montmartre, je laisse sur la gauche le hameau de Clignancourt, dont l'existence date du règne du saint Roi qui, par sa sagesse rendant son peuple heureux, sut si bien donner l'exemple de toutes les vertus.

L'étymologie la plus probable de Clignancourt, dérive des deux mots *Clignan*, nom

---

ce qu'on a voulu pour faire oublier, autant que possible, un grand événement historique.

propre, et *cortis* ou *curtis*, mot latin du moyen âge, qui signifie, selon Ducange, petit jardin ou champ clos (1).

Ce hameau, composé de huit ou dix maisons, ne présente en général que des vignes fort anciennes, puisque dans la chronique scandaleuse de Louis XI, de l'an 1475, on lit que : « le lundi 9 septembre, les Bretons et Bourguignons furent ès terrouers de Clignencourt, Montmartre, la Courtille et autres vignobles d'entour de Paris, prendre et vendanger toute la vendange qui y estoit, jaçoit ce qu'elle n'etoit point meure. »

Le bourg de Montmartre remonte à la plus haute antiquité. Quelques écrivains, tels que le moine Abbon, Hilduin et Sauval, ont prétendu qu'il y avait un temple élevé

---

(1) Ce mot, seulement avec une orthographe un peu différente, *cohors*, *chors* et *cors*, est employé dans la même signification par les auteurs latins des premiers siècles :

Cohors, in qua pascebantur gallinæ. Varron, *de re Rust.*, livre III, chap. 3, § 6.

Martial, livre XIII, épigr. 45 :

Si Libycæ nobis volucres, et Phasides essent,
Accipères : at nunc accipe CORTIS *aves.*

Le même poëte, livre XI, épigr. 62, vers 14 :

Et CORTIS *saturas, atque paludis aves.*

au dieu Mars ou à Mercure; alors tout naturellement ils ont fait venir ce nom de *mons Martis* ou *mons Mercurii*, oubliant que le culte de Mars, du moins chez les anciens Gaulois, consistait en une épée ou pique fichée en terre, qu'on adorait en plein champ.

D'autres non moins érudits, et particulièrement les historiens des Gaules, dans la persuasion où ils étoient que plusieurs Saints y avaient été martyrisés, l'ont fait venir de *mons Martyrum*, mont des Martyrs, dont Montmartre n'est qu'une abréviation.

Cette idée a paru prévaloir, attendu que la première chapelle qu'on y érigea au 8e siècle, fut dédiée à Saint Denis, l'un des Apôtres des Gaules, parce qu'il fut décapité non loin de là, avec ses deux compagnons, le 26 décembre 269.

Du reste, ce qui me semble venir à l'appui de cette assertion, c'est qu'au pied de cette montagne célèbre, existent encore la barrière et la rue des Martyrs, dénomination qui certainement ne leur a été donnée que pour rappeler le souvenir des trois Saints décapités; puisque la barrière et la rue qui y conduit, ont la même étymologie que Montmartre.

L'église, détruite par les Normands en 887, se vit relever sur ses ruines 91 ans après, époque où l'empereur Othon II marchant sur Paris contre Hugues Capet, et campant avec ses troupes sur le sommet de la montagne, fit entonner par les prêtres et les clercs de l'église, un *alleluia*, qui, assure-t-on ridiculement, fut entendu dans Paris et de Hugues lui-même. Quoi qu'il en puisse être, cette bravade de l'empereur aurait été d'autant plus déplacée, qu'on sait qu'il se retira sans assiéger la ville.

A la mort de Hugues Capet, le roi Robert son fils, qui portait la bonté à un point extrême, donna à Bouchart, premier du nom et seigneur de Montmorenci, la majeure partie du territoire de Montmartre, en y comprenant même l'église; et Bouchart IV, descendant de cette famille, en fit présent aux religieux de Saint-Martin-des-Champs, lesquels, après y avoir établi un monastère, le cédèrent en 1133 au roi Louis-le-Gros et à la reine Adélaïde son épouse, qui à son tour y établit des religieuses de l'ordre de Saint Benoît, en leur donnant en dot le village des Menus, aujourd'hui Boulogne, et celui de Bourg-la-Reine. Ce nouveau monastère, enrichi par les libéralités d'Adélaïde, fit rebâtir l'église, qu'on vit consacrée le 21 avril 1147, par le pape Eugène III, mais qu'un incendie consuma en partie, ainsi que la maison, vers 1559.

Les guerres civiles et la domination des Anglais vinrent porter un grand désordre dans ce corps religieux; et plus tard les officiers de Henri IV campant sur Montmartre, ne contribuèrent pas à le rétablir; car pour oublier l'ennui du siége de Paris, ils s'occupaient, dit-on, de la conquête des jeunes religieuses autant que de la conquête de la capitale. Mais enfin la paix étant faite, Marie de Beauvilliers, qui avait acquis du crédit sur l'esprit du monarque et sur Marie de Médicis, par l'intervention de son beau-frère Forget, secrétaire d'état, après avoir reçu du cardinal de Sourdis la bénédiction d'abbesse en 1598, mit tous ses soins pour réunir des religieuses, qu'elle porta au nombre de 33, en leur inspirant l'esprit de leur état (1).

---

(1) On lit dans des titres manuscrits concernant l'Histoire de France de la bibliothèque de Fontanieu, tome 413, que « deux ou trois ans après que Henri IV eut réduit Paris, tous

Ayant obtenu des secours pécuniaires de la Cour, un monastère fut reconstruit à mi-côte, près d'une seconde église. A cette époque Marie de Beauvilliers fit transporter dans ce monastère les cendres de la reine Adélaïde, morte en 1154, à l'abbaye de Montmartre, où elle avait été inhumée, et l'inscription suivante fut gravée sur sa tombe :

« Cy gist madame Alix, qui de France fut reine,
Femme du roi Louis sixième, dit le Gros.
Son âme vit au ciel, et son corps en repos
Attend dans ce tombeau la gloire souveraine.
Sa beauté, ses vertus la rendirent aimable
Au prince son époux, comme à tous ses sujets ;
Mais Montmartre fut l'un de ses plus doux objets,
Pour y vivre et trouver une mort délectable.
Un exemple si grand, ô passant ! te convie,
D'imiter le mépris qu'elle fit des grandeurs,
Comme elle, sèvre-toi des plaisirs de la vie,
Si tu veux des élus posséder les splendeurs. »

---

les faubourgs, qui n'étaient que des masures, furent réparés ; et par les bâtimens publics et particuliers, cette grande ville se trouva plus belle que jamais. Les ambassadeurs d'Espagne qui vinrent pour le serment sur la paix de Vervins, en ayant témoigné au Roy leur étonnement, *quand le maître n'est pas dans sa maison, leur répondit-il, tout y est en désordre, mais quand il est revenu, sa présence sert d'ornement, et tout y va bien.* »

Enfin, au bout de quelques années, la tranquillité et les vertus de la vie monastique y furent tellement mises en pratique, que la plupart de ces religieuses jouirent d'une longévité étonnante et offrirent même dans leur sein des centenaires.

Vers 1657, Françoise de Lorraine, recevant la bénédiction d'abbesse de Montmartre en présence de neuf évêques et quantité de personnages illustres, la duchesse de Guise, sa mère, lui donna des ressources pour d'autres constructions : alors le monastère devint plus nombreux, et reçut des pensionnaires.

Les trois lettres suivantes, écrites à Colbert par deux abbesses de ce monastère, feront connoître leur désintéressement et l'affection particulière qu'elles portaient aux malheureux.

PREMIÈRE LETTRE.

✝

« Ce 15ᵉ de juillet 1662.

» MONSIEUR

» Celle cy est pour vous suplier de tout mon coeur de prendre en vostre protection ces pauvres habitens de Boulogne, qui sont digne de compassion par l'extresme rigueur que M^r l'abbé de Marcilly leur tient, en leur empeschant la iouissance des privilege dont nous sommes en possession depuis cy long temps, il est un peu rude que madame labbesse de Longchamps ait obtenu ce que lon refuse a ma priere, et a la iustice, depuis tant de temps, toute ma confiance est en la vostre, et au soin que Mr Marin m'a asseurée que vous voulliés bien prendre de cette affaire, ie vous en auray la derniere obligation, et vous devray la concervation de cette terre dont la ruine est inevitable sans cela quelque aventage que lon put leur donner daillieurs, ie suis de tout mon coeur

» Monsieur

» Vostre tres affectionnée servante,

» Sr Françoise de Lorraine *abbesse de Montmartre.*

» A monsieur monsieur Collebert a St Germain.

DEUXIÈME LETTRE.

✝

« Ce 22e de ienvier.

» Monsieur

Iay esté la plus surprise du monde quend iay apris de mes gens d'affaires que iavois un procés à demesler avec vous et quend plaidant contre feu monsieur de Tresme ie suis devenue vostre partie contre ma volonté et mon intention. Cette surprise me donne de la ioie puisquelle me fournit une occasion de vous donner des marques de mon estime et de l'envie que iay de vous rendre quelque service agreable en vous ostant la peine de faire iuger ce procès, de faire transferer un marché et sur tout Monsieur de celle que vous auriés sans doute de ruiner les pauvres habitans du Bourg la Reine dont ie scay que la misere vous a desia touché par avance, si cette terre estoit un bien de patrimoine dont la disposition fut en mon pouvoir ie vous suplirois de tout mon coeur de la vouloir accepter mais cõe cest un bien de communauté dont je ne peux disposer que par un eschange, ie vous coniure d'en accepter labandonement en la maniere quil peut despendre de moy, ie nen pretend pour cette abbeye autre rescompense, que sur l'estimation que vous en ferés, en vostre consiance, à laquelle seule ie m'en raporte avec toute ma communauté qui consentira a tout ce que vous desirerés et que vous iugerés necessaire pour vos asurances. Ie serois ravie que quelque

occasion plus importante que celle cy me donnast lieu de vous tesmoigner laffection avec laquelle ie suis plus veritablement que personne du monde
» Monsieur,
» Vostre tres humble servante
» Sr Francoise de Lorraine. »

TROISIÈME LETTRE.

D'une autre abbesse de Montmartre.

☩

« Ie ne puis Monsieur refuser la priere que me fait la veuve Cotelle estant ma nourice de vous suplier tres humblement de luy vouloir bien acorder vostre protection pour estre payée des ouvrages que son mary avoit faites pour Mr de Guenegault iay cru que vous trouveriez bon que ie vous demandasse cette grace pour elle et pour moy Monsieur la iustice de me croire autant que ie la dois estre vostre tres humble servante

» Henriette de Lorraine. »

« 1674
» A monsieur monsieur Colbert. »

Cette abbaye, qui était la plus belle, la

plus riche, et peut-être la plus renommée des environs de Paris, fut détruite, comme la plupart des établissemens de ce genre, par suite de nos troubles politiques. Mais un trait qui se rattache à ce monastère, qui eut lieu le 24 juillet 1794 et qui concerne la dernière abbesse, mérite d'être rapporté :

M. L. L. de Montmorenci, quoique octogénaire, sourde et aveugle, fut traduite et jugée devant le tribunal révolutionnaire le 6 thermidor an 2, comme complice d'une conspiration. Sans égard pour son âge, ses infirmités et son innocence non équivoque, on prétendit, par un horrible jeu de mots, qu'ayant *conspiré sourdement*, elle devait être conduite à l'échafaud, et la malheureuse abbesse succomba. Il est vrai que l'auteur de cet infâme propos y fut conduit à son tour.

Un autre événement non moins déplorable peut-être, arrivé à peu près à la même époque, eut lieu à Montmartre :

Louis Fléchcux, savant astronome, à qui l'on doit une carte générale appliquée à l'astronomie, habitait ce bourg. Il fit construire sur sa maison un observatoire, où il passait les nuits à contempler les astres. En 1793, des insensés l'aperçoivent dans son observatoire; il est pris pour un sorcier, on l'inscrit sur la liste des suspects. Effrayé de la suite des persécutions qu'il éprouve, quoique à peine âgé de 54 ans, il met un terme à ses jours, au moment où il allait publier le fruit de ses veilles, qui renfermait des découvertes précieuses pour la science.

L'obélisque qu'on voit sur cette montagne, et assez éloigné du télégraphe, est un des quatre-vingt-seize qu'on avait conçu d'élever dans toute la longueur du méridien de Paris, qui traverse la France du nord au sud, depuis Dunkerque jusqu'à l'extrémité opposée, pour servir à l'établissement de la carte générale de France du célèbre Cassini. Ce fut Louis XV qui fit commencer les travaux de cette immense entreprise, comme nous l'apprend l'inscription de la façade méridionale, et que voici :

« *L'an* 1736, *cet obélisque a été élevé par ordre du Roi, pour servir d'alignement à la méridienne de Paris, du côté nord. Son axe est à* 2931 *toises* 2 *pieds de la façade méridionale de l'Observatoire.* »

Mais s'il est un établissement digne d'intérêt dans Montmartre, bourg fameux aujourd'hui par ses carrières de plâtre, ses guinguettes et ses moulins à vent, c'est sans doute celui qui est connu sous le nom d'*Asile royal de la Providence*, sorte d'hospice fort vaste et ouvert aux vieillards des deux sexes, que l'humanité doit à M. Micault de la Vieuville et à madame de Villeneuve, son épouse, qui l'ont fondé en 1804. Quelques-uns des malheureux payent une modique pension en entrant, et les plus infortunés sont entretenus aux frais de cette association charitable (1).

Du sommet de ce mont, je descends vers le cimetière, qui se trouve absolument au bas de la montagne.

L'idée d'ériger des tombeaux aux personnes qui nous furent chères, remonte à la plus haute antiquité, puisque nous savons qu'Abraham la trouva établie dans le pays de Chanaan, et que sans doute c'était aussi en usage en Chaldée, d'où lui-même était originaire. Toutefois quoique Moïse nous donne lieu de croire, qu'en général ces sortes de monumens n'étaient que de simples ca-

---

(1) 600 francs pour les places fondées à perpétuité, et 500 pour les autres.

vernes, on peut cependant avancer, d'après son texte même, qu'il devait y avoir aussi des mausolées plus ou moins somptueux, quoique l'orgueil et la vanité ne présidassent jamais à ces constructions comme de nos jours, où certains personnages, assez obscurs, ont l'air de vouloir rivaliser avec les anciens rois d'Egypte. Oublient-ils que les Romains poussèrent si loin la magnificence des tombeaux, que César se crut obligé de la réprimer par une loi expresse ?

Le cimetière de Montmartre, assis dans une ancienne carrière à plâtre, par la nature et la disposition du sol, présente à l'œil du voyageur une vallée profonde, triste et silencieuse, telle enfin qu'il convenait au dernier asile de l'homme.

Sur la colline à droite, on voit adossé au misérable mur de clôture, un tombeau de forme carrée; d'un côté je lis :

« CONSACRÉ
A LA MÉMOIRE D'ELISABETH-ADÉLAÏDE
LEGOUVÉ, NÉE SAUVAN.
CE MONDE N'ÉTAIT PAS DIGNE
DE LA POSSÉDER :
ELLE EN EST SORTIE POUR EN CHERCHER
UN MEILLEUR
LE 7 SEPTEMBRE 1809, DANS LA TRENTE-QUATRIÈME
ANNÉE DE SON AGE.

Paix éternelle à la cendre sacrée
Que renferme ce monument,
Dernier séjour d'une femme adorée,
Modèle de vertus, d'amour, de dévoûment.
Epouse, fille, sœur et mère,
Elle honora ces titres qu'on révère,
Toujours vivante dans autrui,
Jamais l'amitié, sur la terre,
N'eut un plus digne sanctuaire,
Et jamais le malheur n'eut un plus ferme appui. »

Plus bas on lit :

« Vous, que j'ai tant aimés, vous me devez des pleurs ;
Sur ma tombe, en offrande, apportez vos douleurs. »

Le côté qui fait face à Paris, apprend que :

« DANS CETTE MÊME TOMBE
PRÈS D'UNE ÉPOUSE CHÉRIE,
REPOSE
GABRIEL-MARIE-JEAN-BAPTISTE LEGOUVÉ,
MEMBRE DE L'INSTITUT NATIONAL
ET DE LA LÉGION D'HONNEUR,
DÉCÉDÉ LE 30 AOUT 1812.

Quelquefois mes amis s'entretiendront de moi,
Je reste dans leurs cœurs, je vivrai dans leurs larmes ;
Ce tableau de la mort adoucit les alarmes ;
Et l'espoir des regrets, que tout mortel attend,
Est un dernier bonheur à son dernier instant.
    Poëme des *Souvenirs* de Legouvé. »

Dans le vallon sur la gauche est un autre monument assez élevé, autour duquel fleurissent les arbustes, les fleurs funéraires, et portant pour inscription :

« Ici repose
Adrienne Chameroy, décédée, le 23 vendémiaire an XI,
a midi, a l'age de vingt-trois ans.

Toi, que regrettent tant de cœurs,
Des pleurs de tous les arts vois ta tombe arrosée;
Au matin de tes ans la mort t'a renversée :
Tout murmure de ses rigueurs.
Mais les Grâces t'aimaient : encor dans l'Elysée
Elles aiment ton ombre et lui jettent des fleurs. »

Non loin de là, sur un marbre noir que des peupliers et des cyprès ombragent de leurs tristes rameaux, on lit :

« Ci git
Jean-François Saint-Lambert, né en l'an 1716,
le 16 décembre;
de l'ancienne Académie française,
militaire distingué,
poète et peintre de la nature,
grand et sublime comme elle;
philosophe moraliste,
il nous conduisit au bonheur
par la vertu :
homme de bien sans vanité,
comme sans envie,

IL AIMA, IL FUT AIMÉ.
LE MONDE ET SES AMIS LE PERDIRENT
LE 9 FÉVRIER 1803.
CELLE QUI FUT CINQUANTE ANS SON AMIE,
A FAIT METTRE CETTE PIERRE
SUR SON TOMBEAU.

Sur la colline à gauche, et presque adossé au mur du sud, est un mausolée de forme antique surmonté d'une urne ornée d'une couronne de laurier. Une table de marbre noir porte en lettres d'or l'inscription suivante :

« A LA MÉMOIRE
DE JOSEPH J.-B. ALBOYI DAZINCOURT,
PROFESSEUR AU CONSERVATOIRE.
MORT A PARIS, LE 28 MARS 1809;
PAR EULALIE DESBROSSES,
SON AMIE. »

Du Théâtre Français l'honneur et le soutien,
 Digne successeur de Préville,
 Homme de goût, homme de bien,
 Aimable à la cour, à la ville,
Ami vrai, délicat, sensible, généreux :
 Il réunit sur sa cendre chérie
 Et les regrets des enfans de Thalie
 Et les larmes des malheureux.

Enfin, à quelques pas de là, au moment où je me dispose à sortir de ce champ du repos, le nom de Greuse, peintre du sentiment, inscrit sur une simple pierre, me rappelle une scène qui m'est particulière, qu'on ne sera peut être point fâché de connaître, et que je crois devoir raconter dans le trajet de Montmartre aux Vertus:

Je dînais un jour chez le restaurateur Labbaye, seul dans un vaste salon. Au moment où je finissais, entre M. Mercier, que je ne connaissais que de vue. Il s'asseoit en face de moi; je me lève pour sortir. Il m'appelle, j'approche. Il me fait asseoir; je m'assieds, et j'écoute le sujet qui l'a fait m'appeler.

Votre physionomie me plaît, dit-il, que faites-vous? quel âge avez-vous? — J'ai vingt ans; j'étudie les sciences; je cultive les arts et particulièrement la peinture. — Greuze et moi nous sommes deux grands peintres; du moins Greuze me reconnaissait pour tel. Nous nous connaissions depuis long-temps; il a mis le drame dans la peinture, et moi la peinture dans le drame. Greuze, qui m'aimait, voulut me céder son logement à la galerie du Louvre, rue des Orties, parce qu'il n'avait point de soleil, et moi je n'ai pas besoin de soleil pour écrire, car j'écrivais dans les cachots. Tous les peintres ne font rien sans le soleil, et nous, écrivains, nous faisons tout sans le soleil et même malgré le soleil, quand Louis XIV et lui ne faisaient qu'un. Greuze me reconnaissait pour son frère. Indépendamment de mes pièces de théâtre, qui sont des *peintures morales*, j'ai fait le plus large tableau qui existe dans le monde entier. Le dernier qu'ait fait Greuze, c'est celui de Sainte-Marie Egyptienne (1). C'est le prince de Canino qui, en l'an 9, apprenant que Greuze était malheureux à 75 ans, le lui fit faire, pour avoir un motif de lui offrir une assez forte somme qui adoucît sa malheureuse position, sans blesser son amour-propre. Mais, puisque vous cultivez les lettres et les arts, venez me voir un jour chez moi, *rue Benoît*, au coin de la rue Jacob; nous causerons : je vous donnerai quelques détails intéressans sur la vie de Greuze, et je vous montrerai mes trois enfans. — J'ignorais que vous eussiez des enfans. —

« Dans ma tête, un beau jour, ce talent se trouva ;
Et j'avais cinquante ans quand cela m'arriva. »

---

(1) Copie.

Je quittai M. Mercier en me promettant de l'aller voir. Mon premier soin fut d'écrire dans mon carnet son adresse et ce qu'on vient de lire. Mais je reviens à mon sujet, puisque me voilà rendu aux *Vertus*.

Le village d'Aubervilliers, à une lieue et demie de Paris, plus connu sous le nom de *Notre-Dame des Vertus*, avait, en 1242, une petite chapelle qui devint fameuse un siècle après, à l'occasion des miracles opérés par une image de la Vierge. Philippe de Valois, dont le règne fut si malheureux par les impôts excessifs et les fléaux destructeurs qui désolèrent la France, ayant connaissance de ces merveilles, y vint avec Blanche d'Evreux, sa seconde épouse. Ce prince fit des présens à cet oratoire; et la cour imitant l'exemple du monarque, les bourgeois de Paris le suivirent et montrèrent un zèle de dévotion si étonnant par leur pélerinage, qu'on l'appela *Notre-Dame des Miracles*.

L'usage s'établit d'en célébrer la fête le second mardi du mois de mai, et depuis lors jusqu'en 1792, on y vit un concours nombreux d'habitans de Paris et des environs. Mais le pélerinage le plus remarquable fut celui de 1529. Toutes les paroisses de Paris s'étant assemblées dans l'église cathédrale, furent en procession à Notre-Dame des Vertus, à la clarté d'un si grand nombre de flambeaux que les habitans de Montlhéry crurent que le feu était dans la capitale. Plus tard, une dame dont j'ai eu occasion de parler (1), la veuve Polalion, venait de Paris nu pieds en pélerinage, même en hiver, pour demander à Dieu la santé de Louis XIII et de la famille royale.

Trois chartes nous démontrent que l'étymologie d'Aubervilliers est due à quelque maison de campagne d'un nommé *Albert* ou *Aubert*.

La première, de 1060, année de la mort de Henri 1er, roi de France, nous apprend que ce prince donna au monastère de Saint-Martin-des-Champs un bien qu'il avait dans ce village : *in villa quæ dicitur Alberti-villare, terram quam ibi habebam*.

La seconde, de Louis-le-Gros, nous confirme que cette terre était appelée, en 1111, *terram Hauberti-villaris;* et enfin la troisième, de Louis VII, sous lequel les Troubadours répandirent le goût de la poésie

---

(1) Voyez le premier volume, page 92.

provençale, nous assure qu'en 1137 ce prince la nomma : *terram Alberti-villaris*, et non en 1187, comme l'a prétendu Hurtaut dans son Dictionnaire historique, qui sans doute avait oublié que Louis VII mourut en 1180, après un règne de 43 ans.

Ce village, presque détruit par l'effet des troubles que les Armagnacs excitèrent dans le royaume, se rétablit insensiblement au moyen des aumônes qu'y répandit le prodigieux concours de pèlerins.

Durant le règne de Henri II, on construisit la façade de l'église, ainsi que la tour qui sert de clocher, où l'on voit sur une espèce de coffret, en bas-relief, la date de 1541.

Il est présumable que ce fut à la sollicitation de *Diane de Valentinois*, que la tour fut élevée; car on y voit encore les traces d'un croissant, chiffre de cette dame, et que le monarque faisait entrelacer avec le sien dans tous les édifices qu'il érigeait.

C'est encore en ce lieu que séjourna Henri IV pendant le siége de Paris, et qu'il remit les sceaux de France à Chiverny, chancelier de Henri III, en lui disant : *Aimez-moi, je vous prie, comme je vous aime, et croyez que je veux que nous vivions comme si vous étiez mon père et mon tuteur.*

En sortant d'Aubervilliers par la rue transversale aboutissant à la grande route, on arrive, dans un quart d'heure, à la Villette, désignée au 12ᵉ siècle, par les noms latins *Villeta Sancti Lazari* et Villette Saint-Denis; parce qu'une partie dépendait du prieuré de Saint-Lazare et l'autre de Saint-Denis.

Cette dernière fut érigée en paroisse vers le milieu du 15ᵉ siècle; et ce ne fut qu'au 17ᵉ qu'il s'y établit successivement deux petites communautés, dont l'une fut transférée à Paris, et l'abbaye de Sainte-Perrine à Chaillot.

Villeta (petit village) est, comme *villula*, un diminutif de *villa*; ainsi, rien ne paraît plus clair que son étymologie. Ce lieu fut presque détruit par le parti des Armagnacs, le vendredi 8 juillet 1418; et, après l'avoir réduit en cendres, le roi d'Angleterre, Henri VI, donna les principales propriétés à Jean Gilles, pour avoir favorisé l'entrée dans Paris au duc de Bourgogne. Il est mémorable dans l'histoire des troubles qui suivirent la mort de Henri III.

Après les conférences tenues à Suresne

sur la conversion de Henri IV, au mois de mai 1593(1), il y en eut aussi quelques-unes entre les royalistes et les ligueurs, qui furent ouvertes le 11 juin suivant à la Villette, dans la maison d'Emeric de Thou.

Ce village s'est tellement agrandi, que ses maisons touchent aux barrières de Paris.

Mais ce qui surtout va le rendre important, c'est le bassin dans lequel doivent se rendre les eaux dérivées du canal de l'Ourcq. Une partie de ces eaux sera distribuée dans les différens quartiers de Paris, pour alimenter les fontaines, et pourvoir ainsi aux besoins et à l'embellissement de la capitale. Une autre partie est destinée à l'établissement de deux branches de canaux navigables, qui joindront la haute Seine à la Seine inférieure, et qui viendront se réunir au bassin de la Villette.

L'idée d'amener sur les hauteurs de Paris quelques-uns des affluens de la Marne, remonte à l'année 1676, et fut alors présentée par M. de Manse, gendre de Riquet, l'illustre auteur du canal des deux mers. Renouvelée depuis par M. Bruslé, en 1786, elle fut en-

---

(1) Voyez la page 17.

core reproduite à l'Assemblée constituante. Plus récemment quelques particuliers voulurent enfin réaliser une entreprise déjà tant de fois commencée : mais ces derniers spéculateurs n'ayant pu former une compagnie assez nombreuse pour offrir, sous le rapport des fonds, une garantie suffisante, le Gouvernement statua, en 1802, que les travaux seraient exécutés par les soins de l'administration publique.

La mobilité du terrain a produit des accidens et créé des difficultés qui sont venues déranger tous les calculs d'appréciation.

Enfin, une nouvelle compagnie s'étant présentée en 1818, a obtenu la concession du canal de l'Ourcq et du canal Saint-Denis, moyennant une somme fixe qui lui est allouée par la ville de Paris, et avec la condition d'une jouissance qui doit durer quatre-vingt-dix-neuf ans.

Cette compagnie a poussé les travaux avec une si grande activité, que le canal Saint-Denis sera livré très-incessamment à la navigation.

Le canal Saint-Martin n'a pas été compris dans la concession; mais on assure que des offres ont déjà été faites à ce sujet, et qu'on ne tardera pas à voir commencer les travaux sur cette ligne navigable, qui aboutira d'une part au bassin de la Villette, et de l'autre aux fossés de l'Arsenal.

A côté de la Villette est le village de Pantin. Les documens historiques qui en font mention, ne remontent point au-delà du 11ᵉ siècle. Mais comme le premier diplome est de 1098, et qu'à cette époque l'église, les dîmes et quelques maisons furent données au monastère de Saint-Martin-des-Champs, on doit croire que ce lieu existait déjà depuis plusieurs siècles.

Son nom latin *Penthium* est, selon quelques-uns, la racine celtique de *Penth*, dont nous ignorons la signification.

Toutefois, comme il est beaucoup de pays dans le midi de la France, où l'on emploie ce mot pour exprimer *qui penche*, on pourrait lui donner l'étymologie latine de *pendet*.

Il est vrai que Pantin n'est pas entièrement sur une pente, les côteaux même sont un peu éloignés; mais l'aspect du terrain porte à croire que la montagne, qui pouvait s'étendre jadis jusqu'au milieu du village, a été coupée à mesure qu'on aura bâti des maisons ou exploité la pierre. Ainsi on peut présenter cette étymologie; d'ailleurs le terrain où se trouve l'église, semble venir à l'appui de cette assertion.

Dans une bulle du pape Calixte II, de 1119, ce lieu est désigné par *Pentinum*, et Thibaud, évêque de Paris, l'appelle pour la première fois, en 1150, *Pentin*, nom qu'il a conservé depuis lors.

Il faut croire que le monastère de Saint-Martin-des-Champs conserva la concession qui lui fut faite jusqu'au milieu du 17e siècle; du moins j'ai lu que le premier seigneur de Pantin fut Jacques de Forceval, en 1654.

Le Pré-Saint-Gervais, hameau encore un peu plus près de Paris, et dépendant de Pantin, est ainsi désigné à cause de la prairie qui y fut jadis, et de la chapelle de Saint-Gervais qui s'y trouve érigée. Les titres qui en font mention, et qui ne paraissent pas remonter au-delà du règne de Philippe-Auguste, le désignent par *Pratum Sancti Gervasii*.

Ce hameau, fort bien bâti, a plusieurs jolies maisons, parmi lesquelles on remarque surtout celle qui appartint à *Gabrielle d'Estrées* (1). La beauté du site, la fraîcheur des ombrages et le parfum des fleurs croissant de toutes parts, durent rendre ce lieu bien digne d'un Roi et d'une belle, qui le choisirent pour confident de leurs amours.

Comme j'ai donné une lettre de Gabrielle où elle peint les inquiétudes qu'elle eut sur une maladie du Roi, je crois devoir en présenter une seconde que je soupçonne avoir été écrite de ce lieu, et qui fera connaître son intimité avec la duchesse de Nevers.

« A madame la duchesse de Nevers.

» MADAME

» Je suys trop obligée a lhonneur que vous me fayctes de me croyre v^{re} servente et en ceste cailyste la de me donner quelque part en celluy de v^{re} bonne grasse pour manquer a tous les devoirs que lun et lautre me convyent a vous rendre ayes cestuy cy agreable Madame puysque je ne suys pas assés heureuse pour vous pouvoir tesmougnié maintenant par lays effays de mon tres hum-

---

(1) Cette maison, occupée aujourd'hui par M. Pépin, est la quatrième de Gabrielle que j'ai trouvée dans mes voyages.

ble et fydelle servysse avec combyen daffectyon je vous lay voué ces verytables parolles seront tousjours suyvye de preuves semblables auxquelles me remestant je lays fynyré pour vous suplyer Madame de monorer tant que par ce laquays que jenvoye expres je puyse estre asseuree de vostre santé, que nulle de vos serventes ne peut desyrer bonne avec tant daffectyon que moy Je men retourne samedy a Parys et mardy je seray honorée de v^{re} presence attendant ce byen la Madame permestes moy celluy de vous bayser les mains en toute humyllyte et de vous suplyer de me croyre

» Madame

» V^{re} tres humble et tres obeissante et fydelle servente

» G. Destrées »

Après avoir visité la fontaine qu'on voit au milieu de la place, et sur laquelle on lit:

« Regard de la prise des eaux du Pré Saint-Gervais. » (1)

---

(1) Cet aqueduc, fort ancien, conduit les eaux de plusieurs sources aux fontaines du Ponceau, des Halles, de Saint-Lazare, de Sainte-Catherine, etc.

je quitte les champs fertiles du Pré-Saint-Gervais, et gravis le sommet de Romainville, environné de bocages pittoresques.

Pour faire remonter l'ancienneté de ce village aux premiers temps de la monarchie, quelques écrivains ont avancé que Dagobert Ier, répudiant sa femme Gomatrude afin de prendre Nanthilde, lui assigna *Romiliacum villa* pour demeure, confondant le château de *Reuilly* près la rue de ce nom, faubourg Saint-Antoine, avec Romainville. Mais outre que l'analogie latine est entièrement pour *Reuilly*, où nos Rois eurent une demeure jusqu'au 14e siècle, on peut avancer qu'il n'est nullement fait mention de Romainville avant le 13e.

Il est présumable que ce village, à une lieue et demie de Paris, doit son étymologie à quelque personne nommée *Romanus*, et non à *des Gaulois romanisés*, selon Valois; ce qui donnerait à Romainville une très-haute antiquité.

On pourrait ajouter encore qu'il a dû être, dans le principe, un hameau dépendant de Pantin, et la conjecture la plus probable qu'on puisse en tirer, c'est que des titres du 11e siècle parlent déjà de Pantin, tandis que

Romainville, qui lui est contigu, n'est cité nulle part avant la fin du règne de Philippe-Auguste (1).

Le château, assis sur une éminence, et dont M. Cardon est propriétaire, fut bâti par M. Morand, ancien seigneur du lieu.

Une autre maison non moins belle, et connue sous le nom de *Moulin de Romainville*, appartient au général Valence. Elle est aussi remarquable par son heureuse situation, que par les allées d'arbres qui en rendent le séjour fort agréable.

Traversant le bois de Romainville, si chanté et si couru dans la belle saison, je reconnais le poëte et le peintre qui viennent y étudier la nature. Plus loin, je vois les jeunes disciples de Linné et de Jussieu, enrichir leur herbier en cueillant sur le même sol les plantes de plusieurs climats differens.

Enfin, après un trajet d'un quart-d'heure, en m'avançant de Paris à travers des sites ravissans, j'entre dans Belleville.

---

(1) Romainville a vu naître le chanoine Arnoul, qui assista à la translation du corps de Sainte Geneviève, en 1242.

Ce lieu, dont le nom primitif fut *Save-gium*, *Savegia* et puis *Savies* (mot qui peut-être a la même origine que *savard*, qui signifie une terre en gazon ou en friche), est un village situé au-dessus des barrières de la capitale, sur une montagne d'où l'œil embrasse un espace immense, et dont l'aspect est à la fois imposant et gracieux.

Nos premiers Rois y possédèrent une maison royale, et l'on y battit des pièces de monnaie qui portaient pour légende le mot latin *Save*, et non *Gave*, comme l'a prouvé D. Jacques Martin (1).

La donation que fit Hugues Capet, d'un clos de vignes de Savies à l'abbaye de Saint-Magloire, qu'il affectionnait, prouve qu'au commencement de la troisième race nos Rois ne s'étaient pas encore dépouillés de ce domaine.

Le second diplome qui fait mention de ce lieu, est celui du roi Robert, en faveur du même monastère, dans lequel, parmi les biens que ce prince donne à cette mai-

---

(1) Il n'en existe point au cabinet royal des médailles. *Gave*, en langue celtique, signifie *eau*.

son, est énoncé : *Clausus vineæ juxta Saveias, quem dedit Divæ memoriæ Hugo, avus noster.*

Comme dans une description de la banlieue de Paris, du temps de Charles VII, il est parlé de Poitronville, et que dans une plus moderne on met Poitronville dit *Belleville*, on pourrait, ce me semble, en conclure que Poitronville fut le nom qui succéda à celui de Savies, et que l'avantage de son heureuse position lui fit donner dans la suite celui de Belleville. On peut d'autant mieux avancer cette conjecture, que la crête de la montagne est bordée de jolies maisons, dont l'architecture est élégante quoique fort simple.

Mais ce ne sont pas seulement ses riantes habitations qui rendent le village remarquable, ni même les sources abondantes qui fournissent leurs eaux limpides à la capitale (1); c'est le séjour de Favart, peintre des amours du village, qui inspira si heureusement la muse féconde de Grétry et de

---

(1) L'aqueduc qui sert à conduire ces eaux remonte à l'an 1487.

Monsigny; c'est celui de Voisenon, esprit fin et délicat, amant de la volupté, qui prêta ses pinceaux à Favart, lorsqu'il composa le charmant opéra de l'*Amitié à l'épreuve*.

Si je ne peux offrir à mon lecteur plusieurs pièces de ces deux hommes de lettres, en voici du moins une avec des anecdotes restées ignorées et qui feront connaître le caractère de l'auteur de *la Coquette fixée*.

« *L'abbé de Voisenon au comte de Vergennes.*

» 29 août 1774.

» MONSIEUR LE COMTE,

» Ma petite place de très petit ministre (1) me devient précieuse puisqu'elle me met en relation avec un des ministres les plus éclairés qu'ait eû le royaume de France. Il seroit bien intéressant, bien flatteur pour moi de faire réussir la première affaire que j'ai à traiter avec vous, Monsieur (2); elle me

---

(1) L'abbé de Voisenon était ministre plénipotentiaire du Prince Evêque de Spire, près la cour de France.

(2) L'Evêque de Spire s'opposait à l'établissement de bu-

paroît de toute justice; je l'avois entamée il y a 2 ans; elle fut interrompue par d'autres affaires plus importantes. Je trouvai alors dans mon chemin un monsieur de Comarieu qui a de l'esprit et du savoir, mais qui passe par dessus toutes les barrières et qui croit que des traités doivent céder aux prétentions des inspecteurs du domaine. Ayez la bonté, Monsieur le Comte, de vouloir bien lire le mémoire ci-joint, et vous verrez, à ce que j'espère, que le droit est entièrement pour mon prince; il est équitable, et s'il sait soutenir ses intérêts, il n'a certainement pas le défaut de vouloir les étendre au-delà de ses pouvoirs.

» Je me fais une vraie fête d'aller vous faire ma cour la semaine prochaine à Versailles; je vous demande le même privilège que m'accordoit M^r. d'Aiguillons (1), qui est d'arriver le lundi au soir afin d'être à portée de vous entretenir plus librement. Le mardi matin, je suis barré par M^rs les ambassa-

---

reaux de péage dans la partie de l'Alsace dépendante de son évêché, par la raison qu'il y en avait déjà d'établis pour son compte, et qui étaient autorisés par d'anciens traités.

(1) Prédécesseur de M. de Vergennes au ministère des affaires étrangères.

deurs qui m'obligent de me dire : *l'Oracle du Destin est pour les grands Dieux*; mais si vous mesurez le rang par les sentimens que vous inspirez, je prétends au premier; j'envisage comme un vrai bonheur de m'attacher intimement à vous et de vous assurer du profond respect avec lequel je suis,

» Monsieur le Comte,
» Votre très-humble et très-obéissant serviteur;
» L'Abbé de Voisenon.

» *P. S.* Je vais dîner aujourd'hui avec m^de de Monconseil chez Mr de Richelieu; vous croyez bien que nous donnerons de l'aliment à nos cœurs en parlant beaucoup de vous. »

Un extrait de la *Bigarure*, ou *Gazette galante*, qui s'imprimait à la Haye, contenant un portrait de l'abbé de Voisenon, lui fut communiqué. Celui-ci voyant que le journal ne parlait que de ses ouvrages, de son esprit et des qualités du cœur, crut qu'il devait y ajouter sa manière de vivre pour achever le tableau. Comme cette dernière partie est inconnue, la voici écrite par l'auteur :

» Il se leve a sept heures et demie du matin, prend aussitost trois tasses de petitte sauge de Provence a 10 heures une tasse de chocolat a 11 heures une tasse de caffé dine a une heure et mange les ragouts les plus piquans Il boit un demie verre de scuba ensuitte du caffé, a cinq heures trois tasses de véronique et un verre d'eau des six graines, a neuf heures deux œufs frais du ratafia, une tasse de chocolat a 11 heures une tasse de caffé quelquefois du kermes, du souffre lavé ou différents opiats, et quelquefois du lilium : a ses repas des anchois, des huitres vertes, et du vin de Chipre avec des fruits a l'eau de vie (1). »

Curieux de visiter la solitude de Favart, j'entre dans la maison qu'il habita jadis, et qui est occupée par une pension de jeunes demoiselles, que dirige madame de Noire-

---

(1) Voici un autre portrait du même abbé, resté ignoré, fait par l'inspecteur de la librairie, au lieutenant de police, le 20 juillet 1749. Voisenon avait alors 35 ans et logeait rue des Bons-Enfans.

« Petit, blond, physionomie passable et spirituelle. C'est un homme de beaucoup d'esprit et qui fait de fort jolies choses. Il est fort lié avec M. de Quélus et société, et a fait avec lui les *Colporteurs*, le *Pot-pourri*, etc.

« Il a fait beaucoup de pièces de théâtre, qui ont été jouées aux Italiens avec beaucoup de succès. »

terre. Quel est mon étonnement lorsque j'aperçois, dans un terrain abandonné et dont les murs tombent en ruines, un seul cyprès qui rappelle la sépulture de l'auteur de *la Chercheuse d'Esprit*, et celle de son épouse, actrice célèbre par la variété de ses talens. Comment se fait-il qu'à peine vingt-neuf ans écoulés (1), les colonnes qui protégeaient les cendres de ces deux époux soient renversées et mutilées !

Tout en déplorant l'ingratitude des hommes, je sors de ce lieu et me rends à Ménilmontant, hameau dépendant de Belleville, qui n'était, au 9e siècle, qu'un bois appelé *Maudam*, et qui fut donné à Saint-Denis pour les besoins de l'hôpital de cette abbaye.

Il est présumable qu'un personnage nommé *Maudam* aura eu dans ce lieu une petite ferme ou métairie, qu'anciennement on appelait Mesnil, dérivé du latin *mansionile* (petite demeure).

Des chartes de 1369, qui le désignent par *Mesnilmautemps*, commencèrent à défigu-

---

(1) Favart mourut à Belleville le 18 mai 1792, âgé de 82 ans.

rer son nom, et c'est ainsi qu'on a fini par lui donner celui qu'il porte aujourd'hui.

Des documens historiques nous apprennent qu'en 1613, le président de Bellièvre en était seigneur, et trente-quatre ans après Claude Housset, qui épousa Marie d'Aguesseau. Plus tard le procureur-général de Harlay acheta cette seigneurie, et dans la suite messieurs Pelletier, qui y firent construire un château entouré de jardins très-spacieux. Enfin cette propriété passa à Pelletier de Saint-Fargeau, qui avait épousé une demoiselle d'Aligre.

Si ce château a été détruit par de nouveaux acquéreurs, le hameau n'en est pas moins remarquable, tant par sa position que par un grand nombre de charmantes maisons de campagne et de beaux jardins qui l'embellissent. Il n'est en général peuplé que de traiteurs, de pâtissiers et de marchands de vin. Aussi est-ce un des lieux les plus fréquentés par les Parisiens, qui vont s'y délasser les jours de fêtes des travaux de la semaine.

L'heure de dîner étant arrivée, j'entre chez le restaurateur Néhou, qui, comme bien d'autres, n'attire point le monde par le luxe et les grâces d'une jolie femme de comptoir, ni par la magnificence des salons, mais bien par les mets succulens qu'il fournit. Je prends place. A l'instant entrent deux jeunes gens. Garçon, dit l'un, nous sommes pressés, servez-nous promptement. Il faut te dire, continue-t-il à son camarade, que j'ai un rendez-vous avec Églé, à sept heures. Elle a tant d'amour pour moi, cette pauvre Eglé! Elle a fait couper hier ses cheveux, m'a-t-on dit, à cause de ses fréquentes migraines. J'ai composé à cette occasion, ce matin, une pièce de vers que je veux lui remettre ce soir, et que je vais te lire.

Moi, habile tachygraphe, à l'aide d'un crayon, je retranscris entièrement la pièce que voici :

La tête et le cœur.

Le bruit étrange et ridicule
Qui, troublant Cythère et Paphos,
Jusqu'à mes oreilles circule,
Serait-il vrai? serait-il faux?
Eh quoi! de longs ciseaux.... Arrête!
Ou l'on dira d'un air moqueur:
Eglé s'est refroidi la tête,
Parce qu'Amour brûlait son cœur.

Je veux bien que la sœur d'Oreste
Se soit coupé ses beaux cheveux,
Pour en parer l'urne funeste
Qui seule enfermait tous ses vœux;
Même Absalon, un peu moins bête,
N'aurait pas de Joab vainqueur,
S'il se fût bien rasé la tête,
Reçu trois flèches dans le cœur.

Tu dis qu'une affreuse migraine,
Qui te tourmente jour et nuit,
T'impose la loi souveraine,
Qui me déplait et qui te nuit :
Crains le sort que ta main t'apprête !
Ton remède, fût-il vainqueur,
Ne peut guérir ton mal de tête,
Sans augmenter ton mal de cœur.

Les deux jeunes gens demandent la carte *payante*, me saluent, et s'en vont; moi, achevant aussi mon dîner, je demande la carte *à payer*.

De Ménilmontant j'entre au cimetière du Père-la-Chaize, qui doit son nom au confesseur de Louis XIV, parce que ce jésuite y eut jadis sa demeure, qui passa dans la suite aux Jésuites de la Maison-Professe, auxquels elle servit jusqu'à leur expulsion.

Ce sanctuaire de la mort, à peine ouvert depuis quinze ans, est déjà un vrai musée historique de monumens funèbres. Que de noms fameux gravés sur l'airain, le marbre ou la pierre, rappellent aux curieux la gloire de la France! Les Molière, les La Fontaine, les Delille, les Grétry et tant d'autres illustres personnages s'offrent à l'admiration dans cet asile commun. C'est ici surtout que l'on voit combien les derniers restes de l'homme sont devenus l'objet d'un culte particulier. Heureuse la nation qui honore ainsi le souvenir de ceux qui ne sont plus, et qui porte des tributs de reconnaissance aux mortels qui servirent à son illustration!

Mais, pourquoi faut-il qu'en replaçant certains mausolées, on soit révolté par des inscriptions modernes et mesquines, qu'une basse flatterie décerne à des magistrats vivans, sur la même pierre qui recouvre un mort célèbre? Si ces magistrats méritent de la patrie, laissons à la postérité le soin de leur rendre justice. Je ne parle ici que pour la gloire et l'intérêt de mon pays. Certainement le silence ne déplairait à personne, et serait plus conforme à mon goût. Mais je suis l'impulsion de mon cœur, et j'écoute une voix secrète, à laquelle un homme qui chérit le ciel qui l'a vu naître ne résiste jamais. Qu'on se rappelle que les Romains blâmaient la coutume de placer de nouvelles inscriptions lorsqu'il ne s'agissait que de rétablissement ou de restauration de monumens. Ils voulaient qu'on inscrivît le règne, les époques, et certes nous ne saurions trop imiter leur exemple (1).

Une autre idée non moins pénible encore, que suscite l'aspect de ces mausolées, c'est que la matière dont on se sert pour les ériger, rend la France tributaire de l'étranger. Ah! si un esprit juste, occupé des intérêts de l'Etat présidait à ces religieuses constructions, il trouverait dans le sein de la France des ressources qui, en remplissant les derniers devoirs

---

(1) Comme les plus grands génies ne sont pas exempts de faiblesses, on ne doit pas être surpris que Trajan, le meilleur des Empereurs romains, ait eu la vanité de faire mettre son nom sur tous les monumens élevés, ou restaurés sous son règne. Voyez *Ammien Marcellin*, liv. XXVII, chap. 3. Mais les Romains désapprouvèrent généralement cette jactance, et Constantin-le-Grand disait de Trajan, que son nom était accolé sur tous les murs comme la *pariétine*. *Trajanum herbam parietariam ob titulos multos œdibus inscriptos appellare solitus erat.* Aurelius Victor, épitome, cap. XLI, pag. 141, édit. Pitisc.

de la reconnaissance envers les morts, les remplirait aussi envers les vivans. Le marbre de nos Pyrénées et celui qu'on exploite dans d'autres contrées du royaume, pourraient bien remplacer celui qu'à grands frais on va chercher au fond de l'Italie.

En descendant d'un pas silencieux de ce séjour consacré à la mort, qui produit mille sensations différentes, j'entends deux messieurs près d'un simple monument s'écrier : — C'est elle, j'en suis sûr. J'écoute et regarde à la fois l'inscription. Oh! fragilité des choses humaines, une marquise, victime de nos orages politiques, devenue veuve, se vit contrainte, pour avoir des moyens d'existence, d'épouser un boucher!

Je ne quitterai point ce lieu sans donner une lettre du puissant jésuite, que mes recherches m'ont procurée :

« Monseigneur,

» J'ay apris par une letre de M^r le cardinal de Janson, aussi bien que par celle dont V. A. m'a honoré, l'omission, que le commis qui avoit fait l'expedition du brevet de M^r l'ancien évesque de Condom pour l'abaye de S⁺ Victor, avoit faite de la retention des revenus pour M⁵ le grand Prieur, quoy qu'elle fust expressement enoncée dans la feüille signée par Sa M⁺ᵉ. C'est à quoy, Monseigneur, on remediera incessamment, en expédiant à M⁺ de Condom un nouveau brevet et de nouvelles letres qui révoqueront les premieres, qu'il faudra renvoyer icy; à quoy ce Prelat consent fort volontiers, ainsi que je l'ay mandé à M⁺ le cardinal de Janson. De sorte que cette faute du commis se trouvera par là entierement reparée. Je m'estimerois fort heureux, Monseigneur, d'avoir des ocasions de marquer à V A l'atachement plein de respect et de zele avec lequel je suis

» Monseigneur

» Son tres humble et tres obéissant serviteur

De la Chaize J. J.

» M⁺ᵉ le duc de Vendosme. »

Après avoir distribué quelques pièces de monnaie aux pauvres qui se rassemblent à la porte de ce cimetière, je poursuis ma route et vais à Charonne, village qui commence après la barrière du faubourg Saint-Antoine.

Vainement nos auteurs anciens et modernes se sont épuisés à chercher l'étymologie de *Carrona*, qui a été un texte inépuisable de commentaires et de dissertations. Peut-être eût-il mieux valu croire, ce qui n'est pas sans exemple, que c'était un mot gaulois dont la signification n'est point venue jusqu'à nous.

Ce village a été connu dès le temps de Hugues Capet et du roi Robert, par des donations que ces princes firent au monastère de Saint-Magloire.

L'église, une des plus anciennes des environs de la capitale, paraît n'avoir été, dans le principe, qu'un oratoire élevé en mémoire de quelque miracle opéré par Saint Germain, évêque d'Auxerre. Quoique son agrandissement ne se rattache qu'au règne de Charles VI ou Charles VII, l'inclinaison des piliers inspire la frayeur.

Plusieurs établissemens religieux furent fondés à Charonne en 1643, par Marguerite de Lorraine, épouse de Gaston d'Orléans; entre autres celui des *filles de Notre-Dame de la Paix*, pour lequel le Roi permit, en

1661, la création d'un marché à Paris, près la porte Saint-Jacques, dont ces dames devaient avoir les revenus (1).

Une lettre de la Supérieure de cette maison, restée inédite et adressée à Colbert, donnera peut-être une idée des motifs de la concession dont je viens de parler :

« 16 avril 1664.

» Monsieur,

» J'ay différé autant que i'ay pû de vous importuner, sçachant que vos grandes occupations ne vous permettent guère de penser a de petites affaires comme les nostres, mais comme vous estes bon, et extremement raisonnable, je me persuade que vous donnerés un moment de v^{re} temps pour charger monsieur d'Aligre d'exécuter l'ordre du Roy, tant pour le payement de nos terres qui sont enfermées dans le parcq de Vincennes, que pour d'autres pretentions que nous attendons de la justice du Roy, sans

---

(1) Un autre établissement de ce genre, dont j'ai parlé à Fontenay-aux-Roses, fut transféré à Charonne.

quoy ceste communauté ne peut en aucune façon subsister, comme estant un nouvel établissement qui nous a cousté cent mille escus, et pour lequel nous auons esté obligées faire de grands emprunts, vous iugés bien Monsieur que n'estant pas entierement payées de nostre fondation, et que le Roy ayant une partie de nos terres dans son parcq, il est impossible que nous puissions satisfaire nos creanciers, que nous avons empeché depuis trois ans par des lettres d'estat, de nous ruiner absolument, leur faisant tousiours esperer que le Roy nous faisant iustice, nous aurions moyen de les satisfaire, et cependant ie voy que iusques icy on nous amuse, et on nous consomme en frais pour des sollicitations inutiles, et ie n'attens plus rien que de vous Monsieur, parce que ie sçay que vous n'amusés pas le monde, et que vous faites connoistre d'abord ce que l'on doit esperer, c'est la grace que ie vous demande au nom de nostre Seigneur afin que nostre homme d'affaire qui aura l'honneur de vous rendre mes lettres puisse apprendre de vous ce que nous devons faire, i'ose vous asseurer que nous en reconnoistrons la grace devant Dieu par des prieres continuelles que nous ferons pour vostre conservation, et pour attirer ses benedictions sur v^{re} sage et genereuse conduite C'est celle qui est avec beaucoup de respect,

» Monsieur

» Vostre tres humble et tres obeissante servante.

» *La superieure de Charonne,*

» Magdelaine de Sueve. »

Un poëte du 13e siècle nous apprend que sous le règne de Saint Louis, il y eut à Charonne une sibylle, et voici ce qu'il en dit :

« L'an mil deux cent et vingt et dix
Fut Dammartin en flamble mise,
Et scachiez que cel an meisme
Fu à Charonne la devinne. »

Enfin, la tradition rapporte que durant la minorité de Louis XIV, ce jeune prince était à Charonne lorsque la fameuse mademoiselle de Montpensier fit tirer le canon de la Bastille.

Après avoir visité la plus belle maison de ce lieu, qui se trouve sur la gauche, et qui appartient à M. de Saint-Cricq, directeur-général des Douanes, j'arrive à Bagnolet, fort agréable par ses promenades.

Nos écrivains ont dit peu de chose touchant ce village à une petite lieue de Paris. Les uns, et principalement Valois, ont cru que son étymologie venait de *Bagnolia*, *Bagna* (petits bains), qui s'y trouvaient jadis. Quoique rien ne retrace le lieu où ils pouvaient être placés, il me semble que le cours d'un ruisseau qui prend sa source sur une éminence, et qui descend dans le village, vient à l'appui de cette conjecture. Ainsi, je pense qu'il est plus sage d'adopter cette étymologie, que de croire avec l'abbé Lebœuf, que Bagnolet doit son nom à sa position sur la limite de la banlieue de Paris (1). Du reste, ce n'est qu'à dater de 1273, qu'on le trouve dans nos documens historiques de l'abbaye de Saint-Denis; et les seconds titres, de 1450, qui le désignent par le mot *Beneletum*, semblent venir à l'appui de l'étymologie présentée.

Le fermier-général Lejuge y fit construire un château, que le duc d'Orléans, régent,

---

(1) D'autres auteurs croient que son vrai nom est *Baillolet*, mot celtique, qui signifie *avenue*.

rendit magnifique en l'augmentant, en l'ornant des tableaux les plus séduisans, et de jardins que Desgots dessina avec tant de talent, que les curieux s'y portaient en foule. Un petit labyrinthe, décoré de figures et de berceaux de treillage, où l'on était conduit par des sentiers solitaires, prêtait ses ombrages à l'essaim des jeux qui l'avait pris pour asile. A la mort de Philippe d'Orléans, le prince son fils vendit tout ce qu'il y avait de précieux, et plus tard le château et les dépendances, sur lesquelles plusieurs demeures furent bâties.

Mais une autre maison, qui avait déjà contribué à la réputation de ce village, fut celle du fameux cardinal Duperron, qui, par ses talens et ses assiduités près de Gabrielle d'Estrées, se fraya la route de la fortune et entra dans les bonnes grâces du monarque, dont il composa l'épitaphe, que voici telle qu'elle est écrite de sa main :

« Et la France et la Flèche, et les cieux et les arts,
Les soldats et le monde ont faict comme six parts
Du roy Henry le Grand : car une si grand'chose
Dedans un seul cercueil ne pouvoit estre enclose.
La France en a le corps qu'elle avoit élevé.
La Flèche en a le cœur qu'elle avoit esprouvé.

Les cieux en ont l'esprit, et les arts la mémoire,
Les soldats le regret, et le monde sa gloire. »

Le Cardinal passait, à Bagnolet, tout le temps qu'il ne donnait point aux affaires. C'est de là que, se trouvant atteint d'une infirmité douloureuse, il rentra dans la capitale, où il termina sa carrière, huit ans après l'assassinat de son bienfaiteur.

Quittant Bagnolet, et prenant la belle route de Vincennes, après avoir traversé Saint-Mandé, dont j'ai parlé dans mon quatrième Voyage, j'arrive en un bon quart d'heure à Conflans.

S'il est des lieux qui présentent une grande difficulté pour connaître l'étymologie de leur nom, il en est aussi quelquefois qui, par leur position, n'exigent point de très-grandes recherches. Conflans est de ce nombre; car on ne peut douter que ce village ne doive son nom à la jonction (*confluenti*) de la Marne avec la Seine, comme plusieurs autres, tels que *Conflans Sainte-Honorine*, qui le doit au confluent de la Seine avec l'Oise.

Quoique l'église actuelle, dédiée à Saint-Pierre, ne remonte qu'au 16ᵉ siècle, par le caractère de son architecture, on ne peut contester qu'il n'y en eût une fort ancienne, puisque les revenus furent donnés en 1097 au prieuré de Saint-Martin-des-Champs, ainsi qu'il est dit dans une bulle d'Urbain II, dans laquelle elle est nommée *ecclesia de Confluentia*. L'on peut ajouter que ce monastère ne fut pas le seul qui, dès le 11e siècle, eût des revenus à Conflans, puisqu'un cartulaire de Saint-Magloire nous apprend que, sous le règne de Henri 1er, l'abbaye de Saint-Magloire y avait une pêcherie à l'endroit même de la jonction des deux rivières : *unum gurgitem piscalem in Confluentia Sequanæ et Maternæ.*

Au 17e siècle, il s'y forma deux communautés, l'une de Carmes déchaussés, placée près de la Marne, tenant à la partie basse de Conflans, où se trouve maintenant une verrerie; et l'autre de Bénédictines, établissement qui sert aujourd'hui à plusieurs particuliers.

La position de ce village est si heureuse, qu'il n'y a que de fort jolies maisons de campagne, parmi lesquelles on remarque celle qui, autrefois, appartenait aux archevêques de Paris.

Mais le plus joli château des environs et qui dépend de Conflans, est sans doute celui de Bercy; bâtiment d'une forme régulière, élevé sur les dessins et sous la conduite de F. Mansart. Il appartenait à feu M. de Bercy, intendant des finances, et par le don qu'il en fit à son filleul, il se trouve appartenir aujourd'hui à M. de Nicolaï.

On y voit de charmans jardins, de magnifiques avenues et une terrasse sur les bords de la Seine, terminée par un pavillon, d'où la vue jouit d'une perspective des plus agréables.

En sortant de Conflans, après avoir passé la Seine, un chemin de traverse me conduit à Ivry.

Si l'on ne consultait que les chartes pour connaître l'antiquité de ce village à trois quarts de lieue de Paris, et placé sur la pente d'une colline non loin de la Seine, on ne pourrait lui assigner une origine au-delà du 10e siècle, puisque le premier titre qui en fait mention, date de l'année même du couronnement de Louis d'Outremer, qui eut lieu dans la ville de Laon en 936. Mais, comme il est impossible de révoquer en doute que Saint Frambourd, préférant la solitude à un monde agité, quitta la cour de Childebert pour aller se pratiquer une retraite hors Paris, et qu'il choisit le lieu même où le village d'Ivry se trouve situé, on peut faire remonter sans crainte l'origine de ce lieu au 6e siècle. Quant à son étymologie, il est d'autant plus difficile de lui en assigner une, que toutes les chartes dans lesquelles il en est parlé, le désignent sous les noms d'*Ivriacum* et d'*Ibriacum*, dérivés d'un mot gaulois, dont la signification nous est inconnue.

Le château, bâti par Claude Bosc-du-Bois, conseiller d'État, offrait les points de vue les plus variés et les plus agréables. Si l'on se place sur la superbe terrasse qui existe encore, on découvre tout Paris et ses environs.

Les jardins, les plantations et les champs d'une verdure diversifiée, en font un lieu de délices, dont la médecine prescrit le séjour et l'usage du lait à cause de l'excellence des pâturages.

Plusieurs jolies maisons de campagne servent en outre à l'embellissement de ce village. Dans ce nombre on distingue celle de S. A. S. madame la duchesse douairière d'Orléans, maison à laquelle se rattachent mille souvenirs, et qu'habita mademoiselle Contat, dont la mort a laissé d'éternels regrets aux amateurs d'un art dont elle fut à la fois la gloire et le modèle. Cette femme célèbre, devenue l'épouse du neveu du Tibulle français, se plaisait à réunir dans sa retraite ses amis, qui venaient s'y délasser de leurs travaux. Legouvé surtout était un des plus assidus. Mais, hélas !

>Jouet d'un essor trop sublime,
>Un jour que seul au fond des bois,
>Dans les Cieux il cherchait la rime,
>Il tombe et sans force et sans voix.
>L'Amour, l'Amitié, la Nature,
>Volent en vain à son secours.
>En vain l'on veut sauver ses jours.
>Rien ne peut guérir sa blessure ;
>Et nouveau martyr d'Apollon,
>Privé de sens et de mémoire,
>Il périt, pauvre de raison :
>Mais il renaît riche de gloire.

Derrière l'église se trouve, sur une éminence, le cimetière où parmi plusieurs tombeaux portant des inscriptions, j'ai remarqué celui où

AQUEDUC D'ARCUEIL.

« Repose
Marc-Etienne Gignoux,
né a Paris le 10 floréal 1794,
décédé le 9 aout 1815.

> Du trépas la faulx meurtrière
> A notre amour vint le ravir
> Dans son printemps. Frères, sœurs, père et mère,
> Tous se plaisaient à le chérir :
> L'espoir que le ciel est sa demeure dernière
> Peut adoucir nos pleurs, mais jamais les tarir. »

M'acheminant vers le bourg de Vitry, je trouve d'abord à l'extrémité d'Ivry, sur la droite, une chapelle tombant en ruines, sous l'invocation de Saint-Frambourd, parce que l'on pense que le Saint eut sur l'emplacement même la retraite qu'il avait choisie en quittant la Cour.

Non loin de là, je laisse à ma gauche le Port-à-l'Anglais, hameau situé sur les bords de la Seine et dépendant de Vitry. Il est plus sûr de croire que son étymologie est due au nom propre *Langlois*, personnage qui y aura possédé quelque propriété, plutôt qu'au débarquement d'un capitaine anglais, comme plusieurs écrivains l'ont avancé, sans donner de preuves à l'appui de leur assertion. D'ailleurs il est reconnu qu'en

1300, Thomas Langlois, riche propriétaire d'Ivry, avait des biens dans ce canton, et même deux autres personnages de même nom, sous Louis XI et Charles VIII.

Quelques historiens ont prétendu que Vitry, à deux lieues de Paris, était connu dès le 7e siècle par la vie de Saint Éloi, sous le nom de *Victuriacum*. Sans doute ils s'en étaient rapportés à de fausses traditions, puisqu'en lisant la vie du Saint par Baillet et par Godescard, plus estimé, il n'est point question de ce fait. Toutefois, s'ils ont voulu parler de la vie écrite par Saint Ouen, ils auraient dû remarquer que ce *Victuriacum* était une terre voisine de Noyon, dont Saint Éloi fut évêque.

D'autres auteurs ont avancé, afin de prouver l'antiquité de Vitry, que le roi Sigebert, fils de Clotaire, fut tué dans ce lieu. Ils avaient oublié que ce meurtre fut commis par ordre de Frédégonde, aussi méchante que belle, à l'époque où ce prince assiégait Chilpéric dans Tournay.

Du reste, mes recherches m'ont convaincu qu'on ne peut faire remonter Vitry au-delà du 9e siècle; du moins les chartes n'en font mention qu'à dater de ce temps.

Les premiers titres latins *Victoricium* varient à l'infini, et ce n'est qu'au 14ᵉ siècle que tous le désignent par le mot *Vitriacum*.

Des écrivains tels qu'Adrien de Valois, etc., pensent que ce nom vient de quelque verrerie (1), ou de *victoires* gagnées, ou enfin de ce que la légion romaine, dite *Victrix*, aurait campé dans cette contrée.

Quoiqu'on ne puisse démontrer la fausseté de l'étymologie par des raisonnemens positifs, il semble néanmoins qu'elle est trop forcée pour qu'on doive l'admettre, et il serait peut-être plus raisonnable de penser que ce nom vient de quelque personnage qui s'appelait *Victorius* ou *Victorianus*.

Une épitaphe qu'on voyait encore avant la révolution dans l'église, à côté de la porte d'entrée, ne laissait aucun doute que l'édifice n'appartînt au moins au 13ᵉ siècle. Aujourd'hui on en voit deux, dont la plus ancienne remonte au 16ᵉ.

Le château de Vitry, qui appartient à M. le comte Dubois, est grand; et les jardins, dessinés primitivement par le Nôtre, rappelaient le génie de son auteur.

---

(1) Parce que *vitrum* veut dire verre.

Mais une maison non moins remarquable encore et que les curieux visitent avec plaisir, est celle de M. le baron Dubois, l'un de nos plus célèbres chirurgiens.

Quoique entièrement livré à combattre les maladies qui assiégent l'humanité, on voit, par les embellissemens qu'il a faits dans cette propriété, qu'il n'est pas moins fidèle au culte du dieu des arts qu'à celui du dieu d'Epidaure.

Sortant de Vitry, qui sera toujours renommé, tant pour avoir donné naissance à deux cardinaux (1), que par l'excellence de ses pépinières d'arbres de toute espèce, après un quart d'heure de marche, j'arrive à Choisy.

Des chartes des 8ᵉ et 9ᵉ siècles, où il est parlé d'un village sous le nom de *Causiacum*, ont fait croire à plusieurs écrivains que, dans ces documens, il était question de Choisy-le-Roi. Mais, outre qu'il existe en France huit villages ou hameaux de ce nom, s'ils avaient consulté les divers titres rap-

---

(1) Jacques de Vitry, curé d'Argenteuil, fait cardinal en 1230. Etienne, évêque de Paris en 1363, et cardinal en 1368.

portés par nos historiens, ils auraient vu que le *Causiacum* dont il est parlé au 8ᵉ siècle, n'était point le Choisy des environs de Paris, mais bien celui qui est proche de Compiègne.

Choisy-sur-Seine est appelé *Choisiacum*, *Chosiacum* et *Sosiacum ad Sequanam;* et ce n'est qu'à dater du règne de Philippe-Auguste, qu'on trouve des documens sur son existence. Ce n'était alors qu'un hameau de la paroisse de Thiais; car on voit qu'en 1207 Jean, abbé de Saint-Germain-des-Prés, étant seigneur de Thiais, donna aux habitans de Choisy une petite portion de terre, pour y bâtir une chapelle sous l'invocation de St.-Nicolas, parce que sans doute ce hameau n'était habité que par des bateliers, des pêcheurs, et où probablement se trouvait une halte pour la navigation.

La chapelle fut érigée en paroisse la première année du règne du valeureux Louis VIII, qui sut si bien conserver les conquêtes de son père, et elle existait encore au 16ᵉ siècle.

Il n'est pas douteux que Choisy, qui a pris ce nom d'un certain Sosius, selon Adrien de Valois, doit sa première illustration à la célèbre fille de Gaston, cousine de Louis XIV, qui y fit bâtir en 1682, par François Mansart, un superbe château sur les rives de la Seine, et qui était annoncé par de magnifiques chemins à double rang d'arbres. Cette circonstance fut cause qu'on l'appela *Choisy-Mademoiselle*.

Comme Anne-Marie-Louise d'Orléans a joué un grand rôle à la cour, et que divers ouvrages lui sont attribués, les quatre lettres suivantes, qui sont restées inconnues, ne seront point inutiles à l'histoire de sa vie :

PREMIÈRE LETTRE.

« A Eu ce 23 mars 1664.

Monsieur Colbert en envoiant temoigner au Roy la ioie que iay de la grosesse de la Rayne iose luy demander ses bonnes grasses et la permission de les luy aler demander moy mesme iespere que vous masistere de vos bons ofises pour obtenir un bien si presieux ie le suplie si ie ne puis y parvenir de macorder selle daler un tour a Paris avant M^r y aiant trois proses considerables pour ariver en se tamps. Iatans en se rancontre la continuation de vos bons ofices et que vous ogmanteres par la le merite des obligations que ie vous ay ie vous asure que lon ne peut pas en avoir plus de reconesanse que ien ay ni vous estimer plus que ie fais étant tres sincerement plus que persone du monde,

» Monsieur Colbert,
Votre afectionée amie
» ANNE MARIE LOUISE D'ORLÉANS. »

DEUXIÈME LETTRE.

« A Eu ce 28 octobre 1664.

» Monsieur Colbert iay suplie tres humblement le Roy de vouloir comander a ma belle mere de mettre les choses en letat ou elles etoit lors que ie partis de Paris pour que gi puise aler pour voir a sortir dafaire avec elle iespere qu'en voiant la fin ie delogere car de paser ses iours avec une telle fame se seret un suplise et il nia rien a coy on ne renonsa la mandisite seret plus agreable insi iespere que le Roy trouvera bon que letat ou ie suis me fasse prandre dotre mesure que celles que iaves prise et iespere quen sela vous ores la mesme bonté pour moy que vous maves touiours temoignee set se que ie vous demande instanmant et que vous me croies osi sinserement que ie suis,

» Monsieur Colbert,
Votre afectionée amie
» ANNE MARIE LOUISE D'ORLÉANS. »

TROISIÈME LETTRE.

« A Choisy ce 5 août 1665.

» Monsieur le Sr de Segrais qui est de la cademie et qui a bocoup travalie pour la gloire du Roy et pour le public aiant este oublie lannee pasée dans les gratifications que le Roy a faicts aux baus essprit ma prie de vous faire souvenir de luy set un aussi homme de merite et qui est a moy il y a long tams Iespere que sela ne nuira pas a vous obliger a avoir de la consideration pour luy set se que ie vous demande et de me croire
» Monsieur Colbert
» Votre afectionée amie
» ANNE MARIE LOUISE D'ORLÉANS. »

QUATRIÈME LETTRE.

« A Eu ce 19 desambre 1665.

» Monsieur Colbert ma belle mere maiant écrit des excuses insi que javés desire ie me

[Illegible 17th-century French manuscript]

que cela ne nuise pas a vous
obliger a avoir dela confidence
bon pour luy sur ce que je
vous demain de tt demeuran.

Monsieur colbert

            son chalenreux amie
            [signature]

persuade que set par ordre du Roy et un efet de vos soins pour ce qui me regarde ie vous prie d'en vouloir remersier tres humblement S. M. pour moy ie nay pas voulu le faire moy mesme esperant que vous ories sette bonte pour moy dont ie vous serai bien obligée osi bien que de lavis que vous mavez faict doner pour mes vint mille frans dont ie vous remersie. Iay faict unne réponse a ma belle mere la plus honeste du monde enfin il nia rien que ie ne fasse pour eviter les ocasions dinportuner le Roy et de vous fatiguer comme iay faict iusques isi de nos demeles dont ie vous asure que ie suis plus lasse que ie ne vous le peus dire ne recherchant que du repos et les bonnes grasses du Roy iespere que vous continueres comme vous aves touiours faict a me servir opres de luy dans les rencontres set ce que ie vous demande et destre fortemant persuade de la reconesanse que ien ay et que ie suis,

» Monsieur Colbert,
   Votre afectionée amie
» ANNE MARIE LOUISE D'ORLÉANS. »

Mademoiselle laissa en mourant Choisy au Dauphin, qui le céda à madame de

Louvois, pour Meudon, comme je l'ai déjà dit (1). A la mort de cette dame, il passa à la princesse de Conti, première douairière, fille légitimée de Louis XIV, qui le laissa à son tour au duc de la Vallière, son héritier, lequel le vendit à Louis XV en 1739. Devenant maison royale, ce lieu fut appelé Choisy-le-Roi, nom qu'il conserve encore. Le Monarque y fit bâtir alors un autre petit château, et la mort du cardinal de Fleury offrit l'occasion d'en augmenter les embellissemens.

Chacun intriguait à la Cour la place de premier ministre. Le prince eut l'air d'accorder sa faveur au contrôleur-général Orry, qui, en courtisan habile, entrant adroitement dans les vues du prince, au lieu de douze cent mille livres, qui lui étaient demandées pour des augmentations à faire dans les bâtimens, fit observer qu'il avait prévu le désir du Roi en consacrant seize cent mille livres à cette dépense.

Le contrôleur se trouva affermi dans les bonnes grâces de son maître, et le village embelli d'une jolie Eglise (2), et partout ce

---

(1) Voyez la page 144.
(2) La première pierre fut posée le 4 juillet 1748, par

que les arts et l'industrie purent offrir de merveilleux.

Un autre asile bien plus modeste, mais qui fut le rendez-vous des hommes et des femmes les plus célèbres de ce siècle, fut celui de l'ingénieux imitateur d'Ovide :

> Cet enfant chéri de Cythère,
> Servant sous les deux étendards
> Du dieu qui répand la lumière,
> Et du dieu sanglant des hasards :
> Ce poëte qui par Voltaire
> Fut surnommé *Gentil-Bernard*;
> Dont la muse vive et légère
> Levant le voile du mystère,
> Peignit la nature sans fard :
> Qui, professant l'Amour en chaire,
> Du sentiment ne fit qu'un art,
> Et dont le vers souvent mignard
> Endoctrinant mainte écolière,
> Leur donna, par un fol écart,
> Le seul Ovide pour bréviaire.
> Vers le déclin de sa carrière
> Ce voluptueux Troubadour,
> Toujours savant dans l'art de plaire,
> Chanta la belle Pompadour,
> Qui de Louis, pour son salaire,

---

l'archevêque de Paris; au bout de 12 ans elle fut terminée et dédiée à Saint Louis et Saint Nicolas.

Obtint un présent de la cour
Et le brevet de secrétaire (1).
Dès-lors sa muse solitaire
A Choisy bornant son séjour,
Vécut pour l'amitié sincère
Qui, tendre et fidèle à son tour,
Ferma sa mourante paupière
Entre les Grâces et l'Amour (2).

Du château de Choisy, du luxe de son ameublement et de tous les chefs-d'œuvre qui le décoraient, il ne reste plus que des bosquets épars, qui prêtent leurs ombrages au voyageur attristé.

A côté de Choisy-le-Roi est le village de Thiais, assis dans une plaine des plus riches, au bas de la longue chaîne de collines qui s'étend de Ville-Juif à Juvisy.

Son ancienneté est d'autant moins incontestable, qu'Irmion, contemporain de Charlemagne, assure que le monastère de Saint-Germain y possédait, dès le 8e siècle, huit arpens de vignes nouvelles et cent trente-cinq de vignes anciennes; ajoutant

---

(1) D'autres ont dit, Bibliothécaire du Roi au château de Choisy.

(2) On sait que les amis de Bernard se plurent à entourer son lit de mort d'images séduisantes.

de plus, que ce village fort considérable, était connu sous le nom de Theodaxium, mot celtique, qui selon Valois, devrait s'écrire sans H.

Il est assez probable qu'il reçut son nom d'un ancien possesseur du territoire appelé Theudas ou Théodas.

Quoique l'église assez vaste, située sur la pente du coteau, et dédiée à Saint Loup et Saint Gilles, ne paraisse guère remonter qu'à la fin du 14ᵉ siècle; on doit croire qu'elle a été seulement reconstruite dans ce temps, puisque l'abbaye dont j'ai parlé en avait la desserte sous le règne de Pépin.

En sortant de Thiais, après avoir traversé Ville-Juif, je descends à Gentilly, village dans un vallon resserré qu'arrose la rivière de Bièvre et qui remonte pour le moins au VIIᵉ siècle.

L'opinion la plus généralement reçue est qu'il a pris son nom d'un gaulois, nommé Gentilis, et non de Gentil, l'un de ses anciens seigneurs, comme l'a prétendu Piganiol de la Force.

Nos historiens rapportent que Pépin-le-Bref, premier monarque de la seconde race, qui se couvrit de gloire, avait une maison royale à Gentilly, où il venait souvent, et où se tint deux ans avant sa mort, c'est-à-dire en 766, le fameux Concile national au sujet du culte des images.

L'on est d'autant plus fondé à croire que nos rois y possédèrent un palais, qu'un cartulaire manuscrit de l'église de Paris, qui finit en 1282, nous apprend qu'il existait encore, sous Philippe-Auguste, une tour ronde qui ne pouvait être vraisemblablement qu'un reste de cet ancien palais.

Cette paroisse, en y comprenant le petit Gentilly, hameau plus près de Paris, était si considérable, qu'elle renfermait dans son sein celle d'Arcueil, qui n'en fut séparée que durant le règne de Philippe III, aussi juste qu'ami de son peuple ; mais dont le règne fut malheureusement contemporain de la sanglante catastrophe des *Vêpres Siciliennes*.

Si Gentilly n'a vu naître qu'un homme célèbre, Simon Colines, l'un des premiers et des plus distingués graveurs en caractères typographiques, qui exécuta principalement avec succès vers 1480 des caractères romains ; il peut du moins se glorifier d'avoir possédé le galant Benserade, qui, dégoûté de la Cour, s'y retira vers la fin de sa carrière, dans sa maison, fort jolie selon Ménage, et où son seul amusement était de cultiver son jardin.

Nous sommes d'autant mieux autorisés à penser que cette solitude lui plaisait, qu'elle lui inspira des stances fort jolies dont voici la première :

« Possesseur d'un terrain de petite étendue,
Je partage un ruisseau qui laisse aller ma vue
En des lieux où pour moi l'on a quelques égards;
Et si tout n'est à moi, tout est à mes regards. »

C'est là que, tourmenté de la pierre, il termina ses jours le 19 octobre 1691, âgé de 78 ans (1).

Parmi le grand nombre de jolies maisons de campagne qu'on voit à Gentilly, on remarque surtout celle de M. Liautard,

---

(1) Parmi les inscriptions dont il s'était plu à orner sa maison, on lisait celle-ci à l'entrée :

« Adieu, fortune, honneurs; adieu, vous et les vôtres,
Je viens ici vous oublier;
Adieu toi-même, Amour, bien plus que tous les autres
Difficile à congédier. »

qui y tient une pension, et qui fut jadis la propriété du célèbre collége de Sainte-Barbe.

Une autre encore que les promeneurs visitaient autrefois, quoiqu'elle n'eût rien de curieux, était celle du boucher de Gentilly, qui avait fait mettre sur sa porte :

« *Hic morte vita datur.* »

Après avoir erré au hasard dans les rues de ce lieu, je suis les rives de la petite rivière de Bièvre, et arrive au bout de quelques minutes à Arcueil.

Quoiqu'on ne trouve aucun document au-delà du 12e siècle touchant ce village, à une lieue de Paris, et qui a pris son nom des arcades (*arculi*), d'un ancien aqueduc, dont deux arcades subsistent encore, on ne peut douter que les Romains n'y aient formé des habitations et construit ce monument dont les ruines, qui portent les caractères d'une haute antiquité, rappellent au voyageur les dominateurs du monde.

Le premier titre qui fasse mention de ce lieu, est celui d'un évêque de Paris, nommé Girbert, qui fit donation à Adam, abbé de Saint-Denis, et à son monastère, de l'autel du village (*altare in villa Archeilus*) (1). L'autre est une bulle du pape Calixte II, dont les vertus et les talens répondaient à sa haute naissance, et à qui l'on attribue une vie de Charlemagne.

Mais si les conquérans des arts de la Grèce, construisirent ce monument pour embellir et conduire sans doute les eaux au palais des Thermes de Julien, la France en fit élever aussi un magnifique, non loin de là, composé de vingt arcades avec une corniche ornée de modillons et surmontée d'un attique.

Ce fut au commencement du 16ᵉ siècle que, par ordre de Marie de Médicis, régente du royaume, Jacques de Brosses le construisit (2), et l'on peut dire sans exagération, qu'il égale en beauté tous les ouvrages des Romains qui nous restent en ce genre.

Je ne puis me défendre de rappeler ici les

---

(1) L'église, qui ne remonte pas au-delà du 12ᵉ siècle, est remarquable par son portail, et surtout par la galerie du chœur.

(2) Le 17 juillet 1613, Louis XIII, qui n'avait que 13 ans alors, posa la première pierre de ce monument, d'une si grande utilité à la capitale, qu'on vit achevé en 1624.

beaux vers que cet édifice inspira au père Rapin.

« *Admirandi operis moles præcelsa, superbos,*
Pariete perpetuo, sublime assurgit in arcus:
Suspensique fluunt, grandi sub fornice, fluctus,
Qui cursu latè excisos labuntur eo.lem
Per montes, ac per substructas aggere valles.
Nam paries quadro jungit divortia saxo :
Per quem, magnarum cursum frœnavit aquarum
Regina, et totam fontes divisit in urbem.
Hort. lib. III. »

Je ne sais si les eaux délicieuses d'Arcueil, ou l'agrément du site, ou enfin la proximité de Paris y attirait souvent les grands, mais il paraît qu'il y eut de tous temps de jolies maisons de plaisance.

La plus remarquable était celle d'Anne-Marie-Joseph de Lorraine, prince de Guise, située à l'endroit même où le nouvel aqueduc reçoit les eaux de Rongis.

Si elle fut détruite en 1753 par des acquéreurs, si aucun vestige des ruines de ce château, que la tradition présente comme un des plus magnifiques et des plus rians, ne me permet point de donner une idée des agrémens des bosquets, et surtout des jardins qui étaient arrosés dans toute leur longueur par la petite rivière de Bièvre; je crois devoir suppléer à ma description par une lettre inédite de mademoiselle de Guise, écrite à Colbert le 2 juin 1664 (1) :

†

« Monsieur,

» Laccablement ou ie suis des services que jay esté obligée de rendre a monsieur mon frère ne me permettant pas d'aller aussitost que ie voudrois rendre mes respects au Roy j'y despeche le Sr Delatour pour supplier tres humblement Sa Majesté de vouloir faire lhonneur a mon neveu de luy accorder le gouvernement de Guise pour en jouir dans le temps que Sa M. trouvera a propos et en attendent ie croi que le Sr de Bridieu qui a donné des preuves de son zelle et de sa fidélité sera une personne agréable a Sa M. Vous sçavés Monsieur que dans cette place est tout le bien que M^r mon frère laise a mon neveu aynsi jespere qu'il y poura

---

(1) C'est précisément sur les écuries de ce château qu'on a bâti une maison où l'on a établi une filature de coton; maintenant on y blanchit la laine.

servir quelque jour Sa M. plus utilement que personne lors qu'il sera en estat dexposer sa vie pour son service comme son pere y a consacré la sienne. Ie vous assure que toute mon aplication est d'elever mon neveu de manière qu'il ne recherche jamays qu'a plaire au Roy et a se rendre digne de l'honneur de sa bienveillence ie vous serai tres obligée d'en vouloir assurer Sa M. en toutes ocasions et de rendre a mon neveu en celle ci qui luy est tres importente touts les offices qui vous seront possibles aupres de Sa M. Ie vous en conjure encore par toute l'amitié que vous avés temoignée a M⁷ mon frere. Jay chargé le S⁷ Delatour de vous donner des assurences de ma reconnessance jen ay une extreme des bontés que vous mavés desja faict parestre qui mengagent a estre toute ma vie,

» Monsieur,

Vostre tres affectionnee servante

» Marie de Lorraine.

» Ie viens daprendre que M⁷ mon frere avoit aussi le gouvernement de Riblemont qui est tres peu de chose et qu'il y avoit mis le Sʳ Delatour. Ie demande la mesme grace pour mon neveu et pour luy. »

On sait aussi que Jodelle, regardé comme le premier poëte du 16ᵉ siècle, avait une maison à Arcueil où, durant le carnaval, il donnait des fêtes à ses amis, dont Ronsard faisant partie, eut occasion de composer une pièce de vers pour se justifier de l'inculpation qui lui était faite d'avoir rempli le rôle de grand-prêtre dans l'offrande d'un bouc à Jodelle.

C'est là que furent jouées les premières tragédies qui aient été composées en français à l'imitation de celles des Grecs. Mais trop sensible aux attraits de la volupté, Jodelle mena une vie tellement licencieuse, qu'elle l'éloigna des grâces qu'il aurait sans doute reçues plus souvent de Henri II et de Charles IX; car outre que plusieurs écrivains nous assurent qu'il mourut de faim et de misère, à peine âgé de quarante-un ans, les vers suivans de Théodore-Agrippa d'Aubigné lèveront tous les doutes à cet égard :

« Jodelle est mort de pauvreté.
La pauvreté a eu puissance

Sur la richesse de la France.
O Dieux, quels traits de cruauté !
Le ciel avait mis en Jodelle
Un esprit tout autre qu'humain ;
La France lui nia le pain
Tant elle fut mère cruelle. »

Dans un manuscrit du 16ᵉ siècle, où l'on trouve plusieurs pièces inédites de Jodelle, j'ai remarqué un quatrain traduit du grec, qu'on peut d'autant mieux lui attribuer, que personne n'ignore qu'il était versé dans la connaissance de cette langue. Le voici :

« Bon homme, si tu perds les yeux
Pourtant n'en trouble point ton âme,
Plutôt va rendre grâce aux Dieux,
Car tu ne verras plus ta femme. »

Les deux jolies maisons qu'on remarque aujourd'hui dans Arcueil, sont celles de M. le marquis de Laplace, le Newton du 19ᵉ siècle, et l'autre de M. le comte Berthollet, l'honneur de la chimie moderne. C'est chez ce dernier que se forma en 1807, une société de quelques personnes qui cultivaient les différentes branches de la physique et de la chimie. Cette réunion, sous le titre de *Société d'Arcueil*, s'assemblait tous les quinze jours dans le but de répéter les expériences nouvelles pour les constater. M. le baron de Humboldt, un des premiers savans de l'Europe, en faisait partie, ainsi que messieurs Biot, Gay-Lussac, Thenard, Decandolle, Collet-Descostils, et Malus, qu'une mort prématurée a enlevé aux sciences au moment où il allait présenter une théorie nouvelle sur les phénomènes de la lumière.

On ne peut parler d'Arcueil sans parler aussi de Cachant, hameau qui n'en est séparé que par l'aqueduc dont la longueur est de deux cents toises environ.

Il est très-difficile d'assurer quelle est l'étymologie de ce nom assez singulier. Le mot latin *Catticantus*, que Valois traduit par chant du chat, paraîtrait peu admissible, si nous ne savions fort bien que nos ancêtres ont appelé plusieurs villages *Cantus Ranæ*, Chante-Raine; *Cantus Lupi*, Chante-Loup; *Cantus Vulpis*, Chante-Renard; *Cantus Gallinæ*, Chante-Poule; *Cantus Galli*, Chante-Coq, etc. (1).

---

(1) On pourrait encore citer Cantelouve, *Cantus Lupæ*; Cantiveau, *Cantus Vituli*; Cantoie, *Cantus Occæ*.

Cependant comme plusieurs chartes nous apprennent que Philippe-le-Bel y possédait une maison, que même il y rendit plusieurs ordonnances, ainsi que Philippe-le-Long, Charles-le-Bel et le roi Jean, qui, après avoir agrandi ce manoir, le donna au duc de Berry, lequel le céda au connétable du Guesclin, etc.; on pourrait croire que ce lieu étant un pays giboyeux, les princes allaient y chasser. Alors donnant à *campus* la signification de canton, on aurait pu dire aussi *catti campus*, pays de chasse, qu'on trouve écrit ainsi dans un titre de 1736.

Mais comme ce n'est pas seulement à compter du 13e siècle que Cachant est connu par des chartes, que de bien plus anciennes encore ne laissent aucun doute que sous Louis-le-Débonnaire l'abbaye de Saint-Germain-des-Prés y avait des propriétés considérables et dont la possession fut confirmée par un diplôme de Charles-le-Chauve, de 872, qui désigne Cachant par *Catticantus*, il me semble que cette étymologie doit être admise.

Si le manoir eut un grand nombre de propriétaires, s'il existait encore sous le nom d'*Hôtel du Roi*, en 1424, il faut croire qu'il fut ruiné du temps de Charles VI, durant les troubles et la guerre civile qui régnait alors; car il n'en est plus fait mention dans nos annales depuis ce temps. Mais s'il disparut, les religieux de Saint-Germain-des-Prés, y firent bâtir dans le siècle suivant une fort belle maison de plaisance, située dans le vallon, et dont l'abbé était seigneur.

Cette demeure a été démolie il y a deux ans environ par le dernier acquéreur, qui occupe un charmant pavillon construit à la romaine, de la forme la plus élégante et surmonté d'une balustrade.

La nuit qui m'aavertit que je dois terminer ici mon voyage, puisque d'ailleurs j'ai fait entièrement le tour de Paris, je reviens sur mes pas pour monter en voiture. A mon grand étonnement, on m'appelle : c'est le père d'un de mes amis. Eh! comment vous portez-vous? Il y a un siècle que je ne vous ai vu.

— Depuis que j'ai perdu ma place,
Je quitte peu mes chers enfans.
— Quoi! vous avez perdu.... De grâce
Expliquez-moi ce contre-temps.
— Ce sont, ami, mes cheveux blancs
Qui m'ont valu cette disgrâce.

Je ne vous ai jamais entretenu de ma personne, mais aujourd'hui je me trouve placé dans une des catégories où Cicéron prétend que l'on peut parler de soi, celle où, parvenu au comble de l'infortune, un citoyen doit prouver qu'il n'a point mérité son sort. Vous savez que j'ai fait des pièces de théâtre. J'en ai vu plusieurs couronnées par le succès. Les autres sont encore dans mon porte-feuille, et verront probablement le jour quand je ne le verrai plus.

Je fournis malheureusement dans ma position une nouvelle preuve de cette vérité trop connue, que le commerce des Muses est plus agréable qu'il n'est utile.

Je n'ai rien à me reprocher qu'une seule chose qui m'honore à mes propres yeux; c'est que je ne fus jamais homme à démarches. Je les ai regardées comme honteuses pour celui qui les fait, comme fatigantes pour celui qui les reçoit, et humiliantes pour tous deux. J'ai toujours vu, en gémissant, que l'importunité, la basse importunité arrachait impudemment ce que le talent timide et modeste méritait de se voir offrir. Vous vous croyez donc du mérite, me dira-t-on? Je répondrai par mes ouvrages et mon silence. Je ne suis point, il est vrai, de l'Institut. Mais, par toute la terre, il y a de bons arbres. Alcinoüs en rassembla une grande quantité dans ses jardins; cependant, eussent-ils été cent fois plus vastes, ils n'auraient pu les contenir tous.

—Comment vivez-vous?—Persuadé que *l'oisiveté ressemble à la rouille, et qu'elle use plus que le travail,* je m'occupe. Les imprimeurs-libraires et les jeunes auteurs des deux sexes me portent leurs manuscrits. Je les lis, je retranche ou j'ajoute. Je corrige les fautes et peut-être en fais-je de nouvelles. Seulement, dans les morceaux que j'ajoute, j'ai soin de ne point permettre aux passions d'altérer mon jugement, et au malheur de flétrir mon caractère. —Où allez-vous? — Je vais chez moi, à la Place Royale. — Montez dans mon cabriolet, je vais vous y conduire.

Il faudra que vous me consacriez un jour de la semaine prochaine, me dit-il. Je suis à la veille de publier un ouvrage dont je voudrais auparavant vous donner lecture : c'est une miniature de Paris. Je veux essayer de prouver que la Chaussée-d'Antin, le faubourg Saint-Germain, le faubourg St.-

Marceau et le Marais, quoique faisant partie de la même ville, sont cependant quatre pays différens pour les mœurs, les usages, les costumes et le langage; et puis, si je réussis, car il ne faut pas que la faim taille la plume, je veux aller habiter quelque temps la province, pour m'assurer s'il est bien vrai que l'influence des mœurs parisiennes s'y soit fait sentir. Là, n'oubliant jamais qu'un écrivain est un peintre qui doit dessiner d'après nature et observer tous les caractères, j'esquisserai mes portraits, mes tableaux; et, si je ne suis plus dans la vigueur de l'âge, si je descends la montagne de la vie, je tâcherai de prouver que je suis encore dans la force de la raison et du goût.

Il n'appartient qu'à un homme de votre âge, lui dis-je, d'écrire sur de semblables matières. Il faut avoir vu beaucoup le monde, avoir bien étudié les hommes, leurs passions, et je ne doute point que cet ouvrage n'honore infiniment votre vieillesse. — N'en faites pas l'éloge d'avance, me répond-il, attendez que vous l'ayez lu. Je connais plus d'un auteur estimable qui a dû sa chute à des éloges prématurés. Il vaut mieux ne s'attendre à rien pour trouver quelque chose.

Nous arrivons à sa demeure. Il descend de voiture; je lui souhaite le bonsoir, et je me fais conduire chez moi.

Qu'un véritable ami qui a de l'expérience, me dis-je en moi-même, est une chose précieuse! Il vous fait apercevoir vos torts et vous reprend toujours avec douceur. Combien est malheureux celui qui n'en a point!

Il est beaucoup d'hommes sans doute qui, par l'effet des révolutions, se sont retirés du monde et vivent dans la solitude. Mais celui-là est encore heureux, qui peut trouver son juge et son ami dans sa conscience et dans son cœur.

FIN DU SIXIÈME ET DERNIER VOYAGE.

TABLE

Des matières contenues dans ce volume.

A.

Aiguillon (Lettre inédite de la duchesse d') *Page* 29
Alexandre . . (Sa Majesté l'Empereur) 44
Andrieux . . . (Tombeau de la mère de M.). . . 162
Antoine . . . . (Le pénitent). 20
Arcueil . . . { Etymologie du village d' 304
  Premier aqueduc d'. . . . . *ibid.*
  Deuxième aqueduc d'. 305
  Eglise d'. . . . . *ibid.*
  Société d'. 310
Aristenète français (Rencontre de l'). 123
Aubervilliers { Village d'. 252
  Etymologie d'. 253
  Pélerinage à . . . . 252 et 253
  Eglise d' 234
  Séjour de Henri IV à. . . . . . . *ibid.*
Auteuil . . . . { Etymologie du village d' 184
  Maison de Boileau à 196
  Maison de Molière à. 197

B.

BAGATELLE	(Château de)............	*Page* 176
BAGNOLET	{ Village de.............	282
	Etymologie du village de....	*ibid.*
	Château de............	*ibid.*
BARNABITES	(Fondation des).........	203
BASSOMPIERRE	(Répartie du maréchal de)....	60
BEAUDELOCQUE	(Tombeau de)..........	120
BELLEVILLE	{ Etymologie du village de.....	264
	Maison royale de.........	*ibid.*
BELLEVUE	{ Origine du château de......	149
	Divers propriétaires du château de	*ibid.*
BELZUNCE	(Lettre inédite de)........	6
BENSERADE	(Maison de)...........	302
BERCY	(Château de)...........	286
BERRY	{ Lettre inédite de Charles duc de.	55
	Fac-simile............	*ibid.*
	Lettre inédite de Marie-Louise-Elisabeth d'Orléans, duchesse de.	*ibid.*
	Fac-simile............	56
BOILEAU	(Sa réception à l'Académie)...	186
BOSIO	(L'Hyacinthe par M.).......	89
BOSSUET	(Lettre inédite de)........	127
BOUGIVAL	{ Etymologie du village de.....	48
	Eglise de.............	*ibid.*
	Carrières, fours et maisons de..	*ibid.*
BOULOGNE	{ Origine du village de.......	164
	Eglise de.............	165
	Bois de..............	166

(321)

Bourbon	Lettre inédite de François-Louis de .... Page	130
	Lettre inédite de Louis-François de	56
	Lettre inédite de H. J. de.....	138
Bourgogne	Lettre inédite du duc de.....	54
	Lettre inédite d'Adélaïde de Savoie, femme du duc de	ibid.

C.

Cachant	Etymologie du hameau de.....	311
	Maison royale de, etc........	312
Calvaire	Congrégation des prêtres du ...	21
	Suppression des pélerinages du .	ibid.
	Reprise des pélerinages du	ibid.
Cartelier	(M^r)	92
Chaillot	Etymologie de	206
	Eglise de	207
	Dames de .... 207 et	209
	Couvent des religieuses de Notre-Dame de la Paix à	211
	Couvent des Minimes à......	212
	Pompe à feu de...........	213
	Manufacture royale des tapis à .	ibid.
Chameroy	(Tombeau d'Adrienne)	248
Chapelain	Première lettre inédite de	186
	Deuxième idem	189
	Troisième idem...........	193
	Quatrième idem	195
	Fac-simile	196
Charlevanne	(Pêcherie de).............	

2.   21

Charonne	Village de .... *Page* 277
	Eglise de 278
	Etablissemens religieux de .... *ibid.*
	Lettre inédite de l'abbesse de .. 279
	Sibylle de 281
Charpentier	(Hubert) 21
Chaudet	Statue de l'Amour par 89
	Lettre inédite de 90
	Anecdote inédite sur 92
	Tombeau de 122
Chesnay	Etymologie du hameau du 76
	Château du .... *ibid.*
Choisy-le-Roi	Village de 292
	Etymologie de 293
	Première chapelle de .... *ibid.*
	Château de 294
	Nouveau château de 298
	Nouvelle église de .... *ibid.*
Cicéron	(Maisons de campagne de) 68
Clagny	Ancien château de 96
	Description du château de 97
Clairon	(Tombeau de mademoiselle) ... 122
Clarke	(Lettre inédite de) 15
Clichy	Etymologie de 223
	Maison royale de .... *ibid.*
	Eglise de 224
	Personnages illustres qui ont habité 225
Clignancourt	Hameau de 233
	Etymologie de .... *ibid.*
Comte	(Le statuaire le) 165

(223)

Condé....	{ Lettre inédite du grand .. *Page*	136
	Fac-simile	138
Conflans...	{ Etymologie du village de	284
	Eglise de	ibid.
	Etablissemens religieux de....	285
Courbevoye..	{ Etymologie du village de	12
	Caserne de	ibid.
	Château et maisons de	ibid.

D.

D'Aguesseau.	(Mausolée de la famille).....	200
Dauphin....	(Lettre inédite du grand)....	145
Dazincourt..	(Tombeau de)	249
Deday.....	(M.)	202
Delille....	{ Le poëte	39
	Lettre inédite du poëte......	40
Démosthènes.	(Lanterne de)............	159
Deshoulières.	(Vers de madame)	105
Désodoards..	(Note inédite de Fantin)....	219
Dubarry....	(Exil de madame)	70
Ducis......	{ Lettre inédite du poëte......	84
	Présentation à S. M. Louis XVIII du poëte	ibid.
Duperron...	(Vers du cardinal)........	203

E.

Est......	{ Première lettre inédite de Marie d'	61
	Deuxième *idem*	65

Estrées....	⎧ Première lettre inédite de Gabrielle d'............*Page* 46 ⎪ *Fac-simile* ....*ibid.* ⎨ Deuxième lettre inédite de Gabrielle d').........260 ⎪ Maisons de Gabrielle d'.. 45 et 259
Etampes....	(La duchesse d').........142

F.

Favart....	⎧ Le poëte ....265 ⎨ Maison du poëte ....269 ⎩ Tombeau du poëte 270
Flécheux...	(L'astronome Louis).........243
Fleury....	⎧ Première anecdote touchant le cardinal de ....131 ⎨ Deuxième anecdote *idem* 298
Fleury....	⎧ Hameau de ....140 ⎨ Etymologie du hameau de ...*ibid.* ⎩ Maisons de.............*ibid.*
Forêts....	(Administration des) 69
François Ier..	⎧ Vers inédits de...........142 ⎪ Première lettre inédite de......177 ⎨ Deuxième *idem* ....178 ⎪ *Fac-simile* ....*ibid.* ⎪ Rondeau inédit de ....181 ⎩ Vers faits pendant sa captivité..182

G.

Geneviève.	⎧ Puits de Sainte..........23 ⎨ Fragment en vers d'une vie inédite ⎩ de Sainte ....*ibid.*

GENTIL-BERNARD. (Le poëte) . . . . *Page* 299

GENTILLY . . . {Etymologie du village de. 301
Maison royale de. 302
Le boucher de 304

GÉRARD . . . . Lettre inédite de l'abbé 148

GESVRES. . . . {Lettre inédite du duc de 231
Fac-simile du duc de 232

GREUSE . . . . (Tombeau de) 250

GRIEL . . . . . (Le restaurateur le) 159

GUILLARD . . . (Lettre inédite du poëte lyrique) . 72

GUILLEMETTE.. {Sœur 20
Tombeau de sœur . . . . *ibid.*

GUISE . . . . . {Maison du prince de 306
Lettre inédite de mademoiselle de. 307

H.

HAUSSAY. . . . (Le frère Jean de) 20

HELVÉTIUS. . . (Madame) 201

HENRI IV . . . {Accident arrivé à. 11
Lettre inédite de 60

I.

INHUMATION . . (Nouveau mode d') 119

ISSY . . . . . . {Village d' 125
Séjour de Charles-le-Simple à . . 126
Conférences tenues à. . . . . . . *ibid.*
Maison de Marguerite de Valois à. 129
Autres maisons remarquables à . . 129

Ivry.	Village d'............	*Page* 286
	Etymologie d'...........	287
	Château d'.............	*ibid.*
	Maisons d'.............	*ibid.*
	Cimetière d'............	288

J.

Jacques II.	Première lettre inédite de.....	62
	Deuxième *idem*	63
Jodelle.	Maison du poëte	309
	Vers inédits attribués à......	310
Jordan.	(Tombeau de madame).....	163
Joséphine.	Lettres inédites de ..... 43 et	44
	Mort de................	44
	Sépulture de	38

L.

Lachaize	Cimetière du père	273
	Lettre inédite du père de.....	276
Laharpe	(Tombeau de)...........	121
Lainé	(Le ministre)	7
Lavallière	Première retraite de madame de.	209
	Lettre inédite de madame de...	211
	Fac-simile de madame de.....	*ibid.*
Lecouvé	Accident arrivé au poëte.....	288
	Tombeau de la famille	246
Leroi	(Tombeau de Charles)......	26
Liautard	(Maison de M.)...........	303

Loges.....	{Château des .... *Page* 70 {Etymologie du château des.... *ibid.*	
Longchamps...	{Abbaye de .... 166 {Abbesses de........... *ibid.* {Destruction de l'abbaye de.... 175 {Promenades de......... *ibid.*	
Luciennes....	{Etymologie du village de .. 49 et 50 {Pavillon de .... 50 {Eglise de 51	
Louis XIII ..	{Lettre inédite de ...... 180 {*Fac-simile* de.......... 181	
Louis XIV ..	{Lieu qui a vu naître ...... 59 {Lettre inédite de .... 53 {*Fac-simile* de.......... *ibid.*	

M.

Madrid....	(Château de)........... 177
Maine.....	(Lettre inédite du duc du).... 100
Maintenon..	{Première lettre inédite de madame { de............... 106 {Deuxième lettre *idem* ...... 107 {Troisième lettre *idem*...... 108
Maisons....	{Village de .... 71 {Château de .... *ibid.*
Malmaison ..	{Etymologie de la .... 38 {Divers propriétaires de la. 39—42—45
Mansart ...	{Lettre inédite de J. H....... 98 {*Fac-simile*........... 100
Marie-Antoinette (La reine)........... 94	

Marly	Etymologie de .... Page	51
	Château de	52
	Machine de	56
	Port	57
Martin	(M¹.)	ibid.
Ménilmontant	Hameau de	270
	Etymologie de	ibid.
	Château de	271
Mercier	(Anecdote inédite touchant) ...	250
Meudon	Etymologie du village de	141
	Anciens seigneurs de	142
	Ancien château de	143
	Nouveau château de	146
	Séances de l'Académie des Inscriptions et Belles-Lettres à	144
	Eglise de	147
	Curé de	ibid.
Mézeray	Première lettre inédite de	214
	Deuxième *idem*	216
	Fac-simile	218
Millevoye	(Mort de)	6
Mirbel	(M.)	43
Molière	(Famille de)	199
Montpensier	Première lettre inédite de mademoiselle de	294
	Deuxième *idem*	295
	Troisième *idem*	296
	Fac-simile	297
	Quatrième *idem*	296

Montmartre.	Etymologie du bourg de . . . *Page* 234
	Première chapelle de 235
	Monastère de 236
	Abbesses de. 237
	Première lettre inédite des abbesses de 239
	Deuxième *idem*. 240
	Troisième *idem*. 242
	Dernière abbesse de 243
	Obélisque de . . . . , ... 244
	Asile royal de la Providence à . . 245
	Cimetière de . . . . *ibid.*

Montmorenci. (Famille de) 52
Montretout . (Château de). 164
Mont-Valérien (Origine du). 19

Mouceaux. . .	Etymologie de 221
	Parc de . . . . *ibid.*
	Monumens du parc de 222

Moulineaux .	Hameau des 139
	Etymologie des . . . . *ibid.*

Muette. . . . (Château de la). 182

N.

Nanterre. . .	Etymologie de 22
	Anciennes chapelles de . . . 22 et 26
	Eglise paroissiale de 26

Neuilly . . .	Avenue de 5
	Etymologie du village de 10
	Origine du pont de. 11
	Château de. . . . . *ibid.*

Noue . . . . . . (Séraphin de la) . . . . *Page* 20

O.

Orléans. . . . {Première lettre inédite de Philippe d'. 156
Deuxième *idem*. 157
Fac-simile. . . . . *ibid.*

Ouvrage . . . (Assassinat de l'auteur de cet) . . 8

P.

Pantin . . . . {Village de. 258
Etymologie de . . . . *ibid.*

Passy . . . . . {Village de 202
Chapelle de. 203
Fondation du couvent des Barnabites à . . . . *ibid.*
Destruction du couvent des Barnabites à 205
Cimetière de . . . . *ibid.*
Hommes célèbres qui ont habité.. 206

Pec . . . . (Etymologie du village du) . . . 59

Person . . . . (Vers inédits de M^r). 119

Petit-Radel. . {Messieurs. 29
Idem 119

Piccini . . . . . (Tombeau du célèbre). 265

Port-a-l'Anglais (Etymologie du hameau du). . 289

Pré-Saint- {Hameau du. 259
Gervais . . Fontaine du. 261

(331)

Puteaux ... { Etymologie du village de.. *Page* 13
Eglise de 14
Personnages qui ont habité ... *ibid.*
Ile de 15

R.

Renauz .... (Le poëte) 25

Retz ..... { Lettre inédite du cardinal de .. 154
Fac-simile 155

Richelieu. .. (Restes du cardinal de)...... 29

Romainville.. { Village de............. 262
Etymologie de .... *ibid.*
Château de 263
Bois de.............. *ibid.*

Roquencourt. { Etymologie du hameau de 75
Château de............ *ibid.*
Divers seigneurs de........ *ibid.*

Rose ...... { Origine de l'institution de la fête
de la 18

Ruel ..... { Etymologie du village de..... 27
Ancien château de 28
Dépenses faites au château de .. 31
Evénemens arrivés à .... 23 et 29
Vente et destruction du château
de 36
Eglise de .... *ibid.*
Divers tombeaux à l'église de. 37 et 38
Caserne de 27

Rutxhiel ... (Flore et Zéphire de M.) 157

S.

	Origine de . . . . *Page* 152	
	Etymologie de . . . . *ibid.*	
	Ancienne église de 153	
	Nouvelle église de . . . . *ibid.*	
	Château de. 154	
Saint-Cloud. .	Acquisition de . . . • 155	
	Nouveau château de 157	
	Parc de 158	
	Fête de 160	
	Hommes célèbres nés à 161	
	Cimetière de. 162	
	Village de 104	
	Maison de . . . . *ibid.*	
	Fondation de la maison de 105	
Saint-Cyr . .	Suppression de la maison de . . . 109	
	Nouvelle destination de la maison de 110	
	Ecole militaire de . . . . *ibid.*	

Saint-Frambourd. (Chapelle de). 289
Saint-François { Lettre inédite de 208
de Sales . . { *Fac-simile* 209

	Etymologie de la ville de 57	
	Origine et embellissemens du château de . . . . 58 et 59	
	Château neuf de 59	
Saint-Germain	Priviléges accordés aux habitans de 60	
	Eglise de 74	
	Diverses rencontres faites dans la forêt de. 67	

Saint-James	(Maison et jardins de) . . .	*Page* 16
Saint-Lambert	(Tombeau de)	248

Saint-Ouen	⎧ Village de.	229
	⎪ Manoir de	230
	⎨ Château de	231
	⎪ Destruction du château de	232
	⎩ Maisons de	233

Saint Vincent de Paul	(Lettre inédite de) . . .	167
Séjan	(Tombeau de)	123

Sèvres . . .	⎧ Village de	151
	⎨ Eglise de	*ibid.*
	⎨ Seigneurs de	152
	⎩ Manufacture de.	*ibid.*

Sicard	(Lettre inédite de M. l'abbé) . .	83
Simon Colines	(Le graveur)	302
Sualem	(Tombeau de Rennequin) .	48 et 49

Suresne. . .	⎧ Etymologie du village de	16
	⎪ Eglise de	17
	⎨ Conférences tenues à.	*ibid.*
	⎪ Fondation du couronnement de la rosière à	18
	⎩ Personnages qui ont habité. . . .	*ibid.*

T.

Tellier. . . .	(Catastrophe arrivée à le)	26
Ternaux . . .	(Tombeau de madame)	203

Thiais.	⎧ Village de.	300
	⎨ Etymologie du village de	301
	⎩ Eglise de	*ibid.*

Tombeaux . . .	(Origine des)	245

(334)

Tribunal du Commerce. (Origine du)... *Page* 199

Trianon ... { Description du grand....... 88
             { Jardins du grand......... 93

Trianon .... { Petit............. 93
              { Jardins du petit........ 94
              { Restauration des jardins du petit. 95

V.

Val...... (Etymologie du)......... 140

Vanvres.... { Village de........... 132
             { Etymologie de......... *ibid.*
             { Fête de l'épée à........ 133
             { Anecdote touchant....... *ibid.*
             { Château d'........... 135

Vatable.... (Le professeur d'hébreu François) 17

Vaugirard .. { Etymologie du village de..... 116
             { Divers établissemens érigés à 117 et 118
             { Cimetière de.......... 118

Vendosme... (Lettre inédite de Ph. de)... 225

Vendosme... { Lettre inédite de Louis duc de .. 228
             { Fac-simile de.......... 229

Versailles . { Etymologie de......... 76
             { Premier château de....... 77
             { Second château de....... 78
             { Arrivée de Louis XIV à..... 79
             { Parc de............ 81
             { Qualités des habitans de..... 82
             { Hommes célèbres nés à..... *ibid.*

Vertus .... (Les).... *Voyez* Aubervilliers.

(335)

Villette....	Village de la .... *Page* 255 Etymologie de la .... *ibid.* Diverses conférences tenues à la. .... 255 et 256 Bassin de la 256
Vitry.....	Village de .... 290 Etymologie de.... .. 290 et 291 Eglise de .... 291 Château de .... *ibid.* Maisons de 292
Voisenon...	Lettre inédite de l'abbé de.... 266 Anecdote inédite touchant l'abbé de. .... 268 Portrait inédit de 269
Voltaire...	(Maladie de). 71
Voyage....	Préface du cinquième. ...... 3 *Idem* du sixième 115

FIN DE LA TABLE DU DEUXIÈME VOLUME.

www.ingramcontent.com/pod-product-compliance
Lightning Source LLC
Chambersburg PA
CBHW052121230426
43671CB00009B/1066